Zur falschen Zeit am falschen Ort

Der Lebensweg des Otto Remer

Hermann Behrens

Zur falschen Zeit am falschen Ort

Der Lebensweg des Otto Remer

Hermann Behrens
Zur falschen Zeit am falschen Ort. Der Lebensweg des Otto Remer. Steffen Media Friedland 2024

1. Auflage 2024

ISBN: 978-3-948995-25-6

Druck und Einband:

STEFFEN MEDIA, Mühlenstraße 72, 17098 Friedland

www.edition-lesezeichen.de

Gedruckt auf säurefreiem, alterungsbeständigen und chlorfrei gebleichtem Papier.

Alle Fotos im Buch ohne Quellenhinweis stammen vom Autor.
Foto Buchcover: Abriss des „Remerschen Hauses“ in Peckatel 2016
Porträtfoto Otto Remer: Archiv Dr. Betty Surmann

Inhaltsverzeichnis

Otto Remer erwirbt eine Siedlerstelle

Im Jahre 2016 verschwand in Peckatel, einem Dorf im Landkreis Mecklenburgische Seenplatte, ein Gebäude, das „Remersche Haus“, wie es im Volksmund genannt wurde. Es war einst das Wirtschaftshaus des Gutes der Familie von Maltzan in Peckatel und Bestandteil der Gutsanlage, die den nördlichen Teil des Dorfes prägte.

Das Gut, zu dem neben Peckatel das Vorwerk Jennyhof, Brustorf und Peutsch gehörten, war seit 1795 im Besitz der Familie von Maltzan. Ludolf von Maltzan, bis zu seinem Tod 1942 letzter Eigentümer des Gutes, hatte 1932 in Folge einiger unglücklicher Ereignisse, darunter der Verlust eines dampfgetriebenen Sägewerkes und einer Ziegelei durch Brandstiftung, etwa 700 000 Reichsmark (RM) Schulden und suchte nach Wegen der Entschuldung. Das Gut hatte den Akten nach damals ohne die Forstflächen „eine Gesamtgröße von 1.029 ha ohne die grundbuchmäßig dazu gehörigen vererbpachteten Bauern.“[1]

Mit der Mecklenburgischen Landgesellschaft wurde schließlich eine Geschäftspartnerin gefunden und Ludolf von Maltzan, der zunächst eigentlich den bisher landwirtschaftlich genutzten Teil seines Gutes selbst weiter betreiben und zur Entschuldung nur seinen „Peutscher Forst“ verkaufen wollte, war letztlich bereit, den größten Teil der landwirtschaftlich genutzten Flächen und die Wirtschaftsgebäude des Gutes zu Siedlungszwecken zu verkaufen. Im Ergebnis einer gemeinsamen Besichtigung des Gutes durch von Maltzan, Vertreter des Siedlungsamtes im Mecklenburgischen Landwirtschaftsministerium und der Mecklenburgischen Landgesellschaft hieß es: „Herr Baron von Maltzan, Peckatel hat sich entschlossen, zur Durchführung der Umschuldung sein Gut Peckatel mit ca. 2.000 Morgen Land an die Siedlung zu verkaufen und behält selbst Jennyhof, Brustorf und Peutsch mit ca. 5.000 Morgen. Mit der Besiedlung soll möglichst noch im Juni [1933] begonnen werden.“[2]

Von den Maltzanschen Ländereien kaufte die Landgesellschaft am 26. Juni 1933 schließlich 495,73 Hektar sowie die Wirtschaftsgebäude des Gutes und auch das lebende Inventar. Die Siedlungsgesellschaft zahlte etwa 338 000 RM.[3]

Mit dem Verkauf an die Landgesellschaft wurde das Landgut Peckatel mit den Nebengütern Jennyhof und Brustorf allodifiziert, d. h. konnte nun als freies Eigentum, frei von aller Privatabhängigkeit und Beschränkung von Eigentumsrechten, veräußert werden.[4]

Die Mecklenburgische Landgesellschaft erarbeitete einen Ansiedlungsplan, der 32 Siedlerstellen vorsah, darunter 27 Umbaustellen und fünf Neubaustellen.[5] „Ausgelegt“ wurden: 1 Großbauernstelle von etwa 38 ha, 2 Großbauernstellen von ca. 30 ha, 6 Bauernstellen von etwa 20 ha, 5 Bauernstellen von ca. 15 ha und 16 Bauernstellen von ca. 10 ha, 1 Handwerkerstelle und 1 Kaufmannsstelle.[6]

Noch in demselben Jahr wurde ein Großteil der Guts-Wirtschaftsgebäude „durchgebaut“, d. h. es wurden für die Umbaustellen Wohnteile in die bisherigen Wirtschaftsgebäude eingebaut, und am südlichen Rand des Dorfes wurden als geschlossene Siedlungserweiterung fünf neue Siedlerhäuser in Form von Einfirsthöfen, also mit Wohn- und Stallteil unter einem Dach, errichtet.

Für die Baumaßnahmen konnte die Landgesellschaft auf staatliche Arbeitsbeschaffungsmaßnahmen zurückgreifen. Die Bauernstellen in Peckatel wurden allerdings erst im Folgejahr 1934 tatsächlich eingerichtet.

Das „Remersche Haus" kurz nach dem Zweiten Weltkrieg (oben, Quelle: Archiv Gisela Krull) und 2013.

Auf dem Gut Peckatel lebten bis dahin 29 Tagelöhner- und 5 Altenteiler-Familien sowie 6 Einzelaltenteiler, 5 Freiarbeiter und 10 Schnitter („Schlesier"), denen mit dem Verkauf des Gutes die bisherige ökonomische und finanzielle Grundlage entzogen wurde, sodass sich ein Teil von ihnen – zum Teil wohl notgedrungen – entschloss, sich um eine Siedlerstelle zu bewerben. Die Freiarbeiter waren zur Siedlung nicht berechtigt. Ein Beispiel dafür war der bisherige „Hofmaurer" Johannes Bromm, der nach Erhalt einer „Abzugsentschädigung" von 600 RM nach Neustrelitz verzog.[7]

Für die Siedlerstellen bewarben sich in Peckatel nicht nur Leute, die zuvor auf dem Maltzanschen Gut gearbeitet hatten. Sie stellten 1934 etwa die Hälfte aller Siedler. Es bewarben sich darüber hinaus auch neun Familien aus Bayern und – Dr. Otto Remer, der die Siedlerstelle A erwarb (zur Aufsiedlung Peckatels vgl. Behrens 2015).

Otto Remer war also ein „Doktor" und unter denen, die in den verschiedenen Phasen ländlicher Siedlung in Mecklenburg oder Vorpommern eine Stelle übernahmen, dürfte er mit seinem Doktortitel ein „seltenes Exemplar" gewesen sein. Der akademische Titel sollte ihm in Peckatel allerdings durchaus zu schaffen machen.

Die Siedlerstelle A war die zweitgrößte in Peckatel. Zu ihr gehörten 29,32 Hektar Grund und Boden. Der Kaufpreis betrug insgesamt 31.650 Reichsmark, darunter 9.200 Reichsmark für das zugehörige Gebäude, bei dem es sich, wie erwähnt, um das ehemalige Wirtschaftsgebäude des Maltzanschen Gutes handelte.[8] Remer musste eine Anzahlung von 3.640 Reichsmark leisten. Später erhielt er wie andere Siedler in Peckatel auch einen Einrichtungskredit über 2.000 Reichsmark.[9]

Der ehemalige Gutshofbereich in Peckatel im Luftbild 1953, mit Kennzeichnung des Remerschen Anwesens, Gebäudebereich. Quelle Luftbild: © GeoBasis-DE/M-V 2024.

Die Auswahlkriterien für die Vergabe von Siedlerstellen im NS-Staat führten dazu, dass ein Großteil auch der Siedler in Peckatel Mitglieder der NSDAP waren. Otto Remer gehörte nicht dazu, obwohl auch er 1941 (allerdings erfolglos) einen Antrag auf Mitgliedschaft stellte, ein Umstand, der im Folgenden auch noch eine Rolle spielen wird.

In den Archivunterlagen zur Ansiedlung des Maltzanschen Gutes, aber auch in solchen zur weiteren Entwicklung in Peckatel bis in die 1960er Jahre hinein, taucht Otto Remers Name immer wieder auf. Und beim Studium der Akten wird allmählich deutlich, dass er sowohl in der NS-Zeit als auch in den ersten Jahren nach dem Zweiten Weltkrieg, als der DDR-Staatssozialismus in das kleine mecklenburgische Dorf Einzug hielt, mehrfach in Konflikt mit anderen Siedlern und staatlichen Stellen geriet, was ihm Überwachung, Verfolgung, Prozesse und sogar Haftstrafen einbrachte und das in dem einen wie dem anderen Gesellschaftssystem.

Herkunft und Lebensweg bis zum Ende der Weimarer Republik

1917 konnte Otto Remer über die Druckerei „Der Gesellige" in der pommerschen Stadt Graudenz, dem heutigen polnischen Grudziądz, seine Doktorarbeit veröffentlichen. Am Ende der Veröffentlichung findet sich, wie es damals bei der Publikation von Dissertationen durchaus üblich war, ein von ihm selbst geschriebener Lebenslauf, der erste Hinweise zu seiner Herkunft lieferte.

Ein weiterer, handgeschriebener Lebenslauf, findet sich in Unterlagen im Landeshauptarchiv Schwerin, die von seiner Haftzeit im Jahre 1944 in der Strafanstalt Dreibergen-Bützow zeugen. Und weitere, umfangreiche Unterlagen zu Otto Remer fanden sich in der Außenstelle Neubrandenburg des Stasi-Unterlagenarchivs, dem Archiv, in dem die Unterlagen des Ministeriums für Staatssicherheit (MfS) der DDR verwahrt werden. Das Stasi-Unterlagenarchiv ist seit 2021 Teil des Bundesarchivs.

All diese Dokumente ermöglichten es, Otto Remers Lebensweg bis zu seinem Tod 1963 in Peckatel nachzuzeichnen.

Kindheit und Jugend

Otto Martin Karl Remer wurde am 11. August 1886 in Levin bei Dargun geboren und dort am 29. August 1886 auch getauft. Das Dorf gehörte damals zum Großherzogtum Mecklenburg-Schwerin. Otto stammte aus einer Familie, die dort bereits seit Generationen lebte. Seine Eltern, Johann Joachim Friedrich und Luise (oder auch Louise) Maria Friederika Remer hatten am 19. Dezember 1882 in Levin geheiratet. Die Familie war evangelisch-lutherischer Konfession.

Ottos Vater Friedrich war am 24. November 1844 geboren worden und zur Zeit der Eheschließung bereits 38 Jahre alt. Luise war 26 Jahre alt und eine geborene Klänhammer. Sie hatte am 4.9.1856 in Wohrenstorf bei Tessin am Rande der Recknitzniederung das Licht der Welt erblickt. Friedrich war vorher mit Luises Schwester Ernestine Helene Maria Klänhammer verheiratet gewesen, die aber bereits am 11. April 1882 im Alter von 30 Jahren in Levin verstarb. Ernestine, am 11. Juni 1852 in Wohrenstorf geboren, hatte ihren Mann am 4. November 1875 in Levin geheiratet. Das Paar hatte vier Kinder: Otto Wilhelm Ludwig, geb. am 24. November 1876 und schon am 7. April 1877 verstorben, Emma Maria Carolina, geb. am 13. Februar 1878, Betty Johanna Dorothea, geb. am 31. August 1880, und Rudolf Johannes Friedrich Otto, geb. am 18.6.1881.

Die Kirche in Levin, in der Otto Remer getauft wurde. Links daneben das Pfarrhaus von 1750.

Nach Ernestines Tod hatte Friedrich Remer also Luise geheiratet und mit ihr hatte er zwei weitere Kinder: am 27. Juni 1883 kam Tochter Else Wilhelmine Anna Caroline zur Welt und am 11. August 1886 Sohn Otto.

Luises bzw. Ernestines Eltern waren Johann Heinrich Friedrich Klänhammer, geb. 1803 (auch als „Klänhamel" überliefert) und Maria Sophie Klänhammer, geb. Klingenberg. Ihr Elternhaus stand wie erwähnt in Wohrenstorf. Der kleine Gutsort war Anfang des 15. Jahrhunderts entstanden und bis 1945 im Besitz eines Zweiges der Adelsfamilie von Bassewitz, deren Stammsitz Basse bei Lühburg nur knapp 13 Kilometer entfernt lag. Das heute noch existierende Gutshaus in Wohrenstorf wurde um 1735 errichtet. Johann Klänhammer war von den Bassewitz' als „Holländer" angesiedelt worden, als Bauer, der sich mit der Bewirtschaftung von Feuchtwiesen und -ländereien auskannte.

Landschaft bei Levin und Remershof. Hier wuchs Otto Remer auf.

Ottos Lebenslauf deutet darauf hin, dass er aus etwas „besserem Hause“ stammte. Sein Vater war bei Ottos Geburt Gutsbesitzer in Levin, und auch sein Großvater Johann Christian Remer (25.6.1816–26.8.1875) und sein Ur-Großvater Andreas Christian George Remer (3.12.1787–17.8.1828), der nebenbei Kirchenvorsteher in Levin war, besaßen diesen Gutshof schon.

Otto Remer selbst erwähnt in einem Schreiben, dass in Levin schon um 1730 ein Vorfahre, der Bauer Chrischan Remer, geboren worden sei. Dessen Sohn Christian Remer, Vollbauer, am 13.3.1760 in Levin geboren, war der Vater von Ottos Ur-Großvater und Gutsbesitzer Andreas Remer. Möglicherweise handelte es sich bei dem Gutshof um einen im Lauf der Zeit vergrößerten Bauernhof.

Das Gut mit den zugehörigen Wohngebäuden für die Landarbeiter und Altenteiler trug als Ortsteil von Levin den Namen der Familie: *Remershof*. Reste des Gutes gibt es noch heute und auch der Ortsteil in der heutigen Gemeinde Zarnekow(-Levin) heißt noch Remershof.

1893 siedelte die Familie in das nahe Waldberg um, das am Rande des pommerschen Städtchens Demmin lag und damals noch ein selbständiges Dorf war. Heute ist es ein

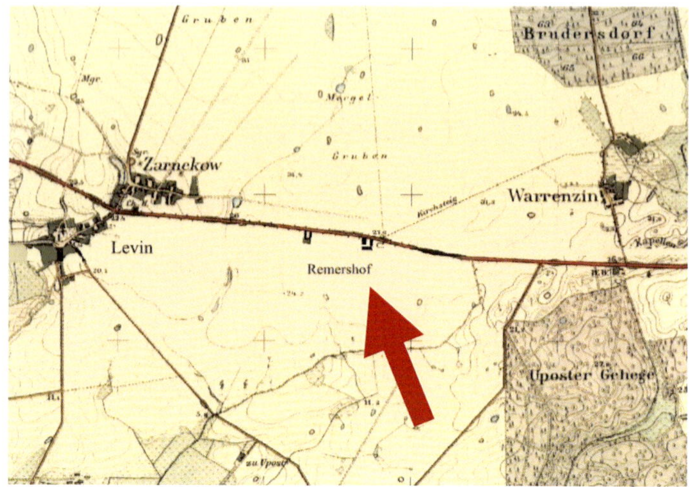

Remershof auf dem Messtischblatt von 1888.

Teil der Stadt Demmin. Das Gut in Remershof wurde von Ottos älterem Halbbruder Rudolf Remer [wohl bis 1945] weiter bewirtschaftet. 1929 wird Rudolf Remer in einem Adressverzeichnis der Stadt Demmin unter seiner Wohnadresse in Waldberg als Gutsbesitzer genannt, 1934/35 noch als Bauer. Ottos Vater muss schon vor 1910 gestorben sein, denn seine Mutter wurde zu dieser Zeit bereits als Gutsbesitzerwitwe bezeichnet.

Otto Remer besuchte nach dem Umzug der Familie in Demmin von Ostern 1893 bis 1896 die Städtische Knabenschule und dann bis 1906 das Königliche Gymnasium, das er Ostern 1906 mit dem Zeugnis der Reife verließ.

Student in Berlin

Nach der Schule absolvierte Otto ein Lehrjahr in der Landwirtschaft und zwei Lehrjahre im Bankfach. Diese Vorbildung diente ihm als Grundlage für das Studium der Volkswirtschaft an der Friedrich-Wilhelms-Universität zu Berlin, das vom Herbst 1909 bis Herbst 1913 dauerte. Während der letzten Semester hörte er nebenbei Vorlesungen an der Königlich Landwirtschaftlichen Hochschule Berlin. Die Vorlesungen an den beiden Universitäten hörte er bei zu damaliger Zeit berühmten Professoren wie Gustav von Schmoller, Adolph Wagner, Max Sering oder Friedrich Aereboe. Zu „besonderem Dank" fühlte Otto Remer sich gegenüber „Exzellenz Adolph Wagner und Geheimrat Sering verpflichtet, dessen Seminar ich lange angehörte" (Remer 1917: Nachblatt). Nach Beendigung des Studiums war er zunächst noch kurze Zeit, von Anfang 1914 bis zum Beginn des Ersten Weltkrieges im August 1914, in einer Siedlungsgesellschaft in Berlin tätig. Nach Berlin, der pulsierenden Hauptstadt, die ihn als Landjungen aus der mecklenburgisch-pommerschen Grenzregion während der prägenden Studienjahre sicher nicht unbeeindruckt gelassen haben dürfte, sollte es ihn bis zu seinem Lebensende immer wieder ziehen.

Kriegsdienst und Doktorprüfung

Im August 1914 trat Otto Remer als Kriegsfreiwilliger bei der Infanterie in den Kriegsdienst. Bis 1915 kämpfte er an der Ostfront und wurde am 30. November 1914 erstmalig verwundet. Im Mai 1915 nahm er an einem Offizierskurs teil und wurde Ende Juli 1915 zum Leutnant der Reserve befördert. Ab Herbst 1915 war sein Regiment an der Westfront im Einsatz. Dort wurde er im Frühjahr 1917 zum zweiten Mal verwundet.

Die Zeit, die er brauchte, um von seiner zweiten Verwundung zu genesen, nutzte Remer offenbar, um seine staatswissenschaftliche Doktorprüfung anzugehen und seine Doktorarbeit fertigzustellen und schließlich zu verteidigen. Er schrieb über „Die Agrarverfassung der Bantu im äquatorialen Afrika". Die Referenten (Gutachter) für seine Doktorarbeit waren Prof. Dr. Max Sering (Agrarwissenschaften) und Prof. Dr. Heinrich Herkner (Nationalökonomie), in ihren Fachgebieten zwei auch international anerkannte Wissenschaftler ihrer Zeit.

Landschaft bei Levin und Remershof.

Max Sering (18.1.1857–12.11.1939) war 1879 nach seinem Studium der Rechts- und Staatswissenschaften in den Justiz- und Verwaltungsdienst im Elsass eingetreten. 1883 ging er im Auftrag der preußischen Regierung nach Nordamerika, um dort herrschende Gesetzmäßigkeiten der landwirtschaftlichen Konkurrenz zu studieren. Nach seiner Rückkehr habilitierte er sich an der Universität Bonn und wurde dort 1885 außerordentlicher Professor und dann 1889 als ordentlicher Professor an die Landwirtschaftliche Hochschule Berlin berufen. Von dort ging er 1897 an die Friedrich-Wilhelms-Universität zu Berlin.

Sering war Mitglied des deutschen Landwirtschaftsrates und des preußischen Landesökonomiekollegiums. Im Auftrag des preußischen Ministeriums für Landwirtschaft gab Sering das gewaltige Sammelwerk *Die Vererbung des ländlichen Grundbesitzes im Königreich Preußen* (Bände 1–6 und 8–14, Berlin 1897–1905) heraus. Seit 1903 war er Mitherausgeber der *Staats- und sozialwissenschaftlichen Forschungen*. 1912 gründete er zusammen mit Friedrich Ernst von Schwerin die Gesellschaft zur Förderung der „inneren Kolonisation“, die durch Kultivierung sogenannten „Öd- und Unlandes“ die landwirtschaftlichen Erträge steigern, aber auch die Landnot lindern helfen sollte, die damals insbesondere die kleinen und mittleren Bauern bedrückte.

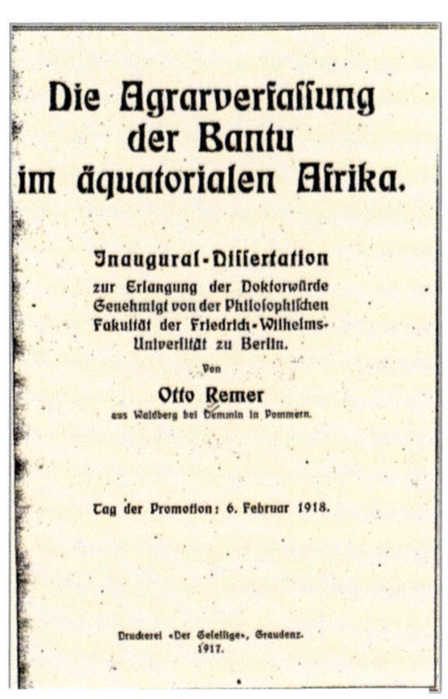
Die Agrarverfassung der Bantu im äquatorialen Afrika.

Inaugural-Dissertation
zur Erlangung der Doktorwürde
Genehmigt von der Philosophischen
Fakultät der Friedrich-Wilhelms-
Universität zu Berlin.

Von
Otto Remer
aus Waldberg bei Demmin in Pommern.

Tag der Promotion: 6. Februar 1918.

Druckerei »Der Gesellige«, Graudenz.
1917.

Innentitel der Dissertation von Otto Remer.

Sering war maßgeblich am Reichssiedlungsgesetz von 1919 beteiligt, ein damals wichtiges Gesetz, das auch ein Ergebnis vieler Jahrzehnte währender bürgerlicher Bodenreformbestrebungen und ein Beitrag zur Bewältigung der Kriegsfolgen und bäuerlichen Landnot war und das zwischen 1919 und 1933 zur Ansiedlung zahlreicher bäuerlicher Siedler auch in Mecklenburg führte. Sering veröffentlichte eine Vielzahl von Büchern und Aufsätzen, besonders über Agrargeschichte und Agrarpolitik. 1921/22 gründete er in Berlin das Deutsche Forschungsinstitut für Agrar- und Siedlungswesen („Sering-Institut“). 1925 trat er als Hochschullehrer in den Ruhestand, war aber weiter Leiter des ständigen Ausschusses für das Siedlungswesen in Deutschland und vertrat Deutschland 1927 in der Agrarkommission der Weltwirtschaftskonferenz in Genf. Sering galt als bekanntester deutscher Agrarökonom seiner Zeit. Später zeigte er sich als Gegner des Nationalsozialismus und besonders auch des nationalsozialistischen Reichserbhofgesetzes und wurde deshalb 1933 aller öffentlichen Ämter enthoben.[10]

Auch der deutsch-tschechische Nationalökonom Heinrich Herkner (27.6.1863–27.5.1932) war ein international bekannter Wissenschaftler. Er war beispielsweise 1909 Gründungsmitglied der Deutschen Gesellschaft für Soziologie und gehörte deren erstem Vorstand an, zusammen mit dem weltberühmten Soziologen Prof. Dr. Max Weber. Außerdem war er lange Jahre, 1917 bis 1929, Vorsitzender des einflussreichen Vereins für Socialpolitik und ab 1920 Mitglied des von der Weimarer Reichsregierung eingesetzten Reichswirtschaftsrates.[11]

Remer hatte also bei international bekannten liberalbürgerlichen Persönlichkeiten studiert und promoviert. Bei ihnen stellte er sich am 29. November 1917 bzw. am 6.2.1918 seinen Promotionsprüfungen und bestand sie mit dem Prädikat „Gut“. Nun konnte Otto Remer also den Titel Doktor phil. (philosophiae) führen.

Nach seiner Genesung war er noch von Frühjahr 1918 bis Kriegsende in einem Feldersatzlager zuerst als Kompanie-Offizier, dann als Bataillons-Adjutant tätig. Mit dem Eisernen Kreuz II. Klasse, einem Frontkämpfer-Ehrenkranz, dem Frontkämpferabzeichen und dem schwarzen Verwundetenabzeichen ausgezeichnet, kehrte er aus dem Kriegsdienst zurück.

Nach dem Krieg heiratete Otto Remer die Kriegerwitwe Margarete Fitte geb. Bartz. Sie brachte aus erster Ehe zwei Söhne mit, Hubert, der 1911 und Werner, der 1915 geboren worden war. Die Familie erwarb einen Hof in Pommern, wahrscheinlich das Gut Hedwigsfelde bei Bärwalde in der Nähe von Neustettin (heute: Szczecinek/Polen).[12] Eigene Kinder blieben dem Ehepaar verwehrt.

Insgesamt liegen die Jahre zwischen 1919 und 1929 ein wenig im Dunkeln. Wie es um Remers Landwirtschaft in Pommern bestellt war, ist unbekannt. Glücklich wurde die Familie mit dem Hof offenbar nicht, denn 1929 verkaufte Otto Remer den Hof wieder und kehrte beruflich zurück nach Berlin zu einer Siedlungsgesellschaft. Die Umstände des Hofverkaufs sind nicht bekannt. Ob Otto Remer dann allein „unter der Woche" in Berlin tätig war oder seine gesamte Familie mitging, ist ebenfalls nicht bekannt.

Ab 1931 war er für die Berliner Siedlungsgesellschaft in Schwerin tätig. Er musste dort eine in Liquidation gegangene andere landwirtschaftliche Siedlungsgesellschaft abwickeln. Anfang 1934 hatte er diese Arbeit beendet.

Otto Remer zog es nun wieder in die praktische Landwirtschaft. Er bewarb sich um die Siedlerstelle in Peckatel und hatte Erfolg damit.[13]

Welche politische Haltung legte der Kriegsteilnehmer und Gutsbesitzersohn Otto Remer gegenüber der Novemberrevolution 1919 und der Weimarer Republik an den Tag?

Er dürfte in einem konservativ geprägten Elternhaus erzogen worden sein und „kaisertreue" Schulen besucht haben, die liberales und weltoffenes Denken kaum unterstützten. Er erlebte die gesellschaftspolitischen Entwicklungen und ideologischen Auseinandersetzungen vor Beginn des Ersten Weltkrieges, im Krieg selbst und in der nachfolgenden Weimarer Republik bewusst – als junger Erwachsener – mit. Er studierte bei liberaldemokratisch eingestellten Professoren in der Weltstadt Berlin. Er erfuhr als Soldat die Niederlage im Ersten Weltkrieg. Wie ließ ihn diese „Sozialisations-Gemengelage“ die Nachkriegsentwicklung bewerten?

In Briefen, die er Ende der 1930er Jahre an Hitler und Goebbels schrieb (dazu weiter unten) und die im Stasi-Unterlagenarchiv im Bundesarchiv erhalten blieben, bezeichnet er sich als „alten Frontkämpfer, der seit der Vorkriegszeit völkisch eingestellt ist und in den Jahren 1923 bis 25 in der damaligen Nationalsozialistischen Freiheitsbewegung in vielen Versammlungen und Wahlkämpfen für die völkische Sache“ eingetreten sei. Er habe sich auch im Zusammenhang mit dem Kapp-Putsch politisch in völkischer Richtung engagiert.[14]

Damit ordnete sich Remer selbst einer radikalnationalistischen Bewegung zu, die Ende des 19. Jahrhunderts entstand, das eigene „Volk“ verabsolutierte und als ethnisch reine, kulturell homogene Gemeinschaft mit „arteigener“ Religion definierte. Diese Bewegung wurde mit ihrer Feindschaft gegenüber Juden, Slawen und anderen als „undeutsch“ definierten Menschengruppen, mit ihren antidemokratischen und antimodernistischen, gegen soziale Emanzipation, Geschlechteremanzipation, Parlamentarismus und Republik, Industrialisierung und Urbanisierung sowie moderne Kunst gerichteten Vorstellungen zu einer treibenden Kraft in Richtung Faschismus.

Remers völkische und streng konservative, dem Faschismus zunächst eher positiv zugewandte politische Einstellungen dürften Resultat einer Mischung verschiedener Ursachenzusammenhänge gewesen sein:

– Folge einer konservativ aufgeladenen Sozialisation,
– Folge des als schmählich empfundenen Friedensvertrags von Versailles mit den darin festgelegten Reparationsforderungen und Entwaffnungsbestimmungen,

- Folge einer von rechtsextremen, nationalkonservativen und auch liberalen Parteien und Medien verbreiteten Leugnung der wesentlichen Mitverantwortung des Deutschen Reiches für den Krieg durch die Legende von der Kriegsschuldlüge und vom „Dolchstoß“ gegen die angeblich im Felde unbesiegten deutschen Armeen,
- Folge der Erfahrungen mit der Novemberrevolution und dem chaotischen Beginn der Weimarer Republik, die „im Grunde [...] das verstümmelte und geschwächte Kaiserreich ohne Kaiser“ war, da führende Politiker, Verwaltung und Justiz aus der „Kaiserzeit“ bekannt waren (Mann 1958: 334),
- Folge der krisengeprägten Wirtschaftsjahre nach dem Ersten Weltkrieg mit der Hyperinflation und – abgesehen von einer kurzen Phase der Stabilität ab 1924 – mit instabilen und wenig gestaltungsfähigen Regierungen,
- Folge der Erfahrungen auf seinem Bauernhof, der der tiefen Krise in der Landwirtschaft Ende der 1920er Jahre widerstehen musste.

So war auch Otto Remer gefährdet, den ideologischen Mustern aufzusitzen, die sich zur Erklärung der ökonomischen und politischen Krisen bereits lange vor der Niederlage im Ersten Weltkrieg herausgebildet hatten. Hier ist vor allem das dann von der NSDAP verkörperte Agitations- und Demagogiemodell zu nennen, in dem sich Sozialdarwinismus und Rassismus mit „völkisch“ begründeten Vorstellungen eines „deutschen Sozialismus“ verbanden und sich zusammen mit dem Antisemitismus, der sich in Jahrhunderte langer Entwicklung „als Ressentiment tief eingefressen [hatte] gerade auch in die Mentalität des Kleinbürgertums“ (Opitz 1996: 21), zu einer gefährlichen Ideologie vermischten. Allerdings verschrieb sich Remer der nationalsozialistischen Bewegung dann doch nicht, zumindest trat er keiner faschistischen Organisation bei.

Auf eine erfolglose Antragstellung auf Aufnahme in die NSDAP im Jahre 1941 wird später noch eingegangen.

Aus einer weiteren Akte im Stasi-Unterlagenarchiv geht hervor, dass er Ende der 1920er Jahre offenbar der „Christlich-Nationalen Bauern- und Landvolkpartei“ (CNBL) angehörte, die 1928 als eine von mehreren Abspaltungen der Deutschnationalen Volkspartei (DNVP) entstanden war und 1933 verboten wurde. Programmatisch war die CNBL eine Partei, die die Interessen der Landbevölkerung vertreten wollte. „Im Gegensatz zur DNVP repräsentierte die CNBL eher die kleinen und mittleren Bauern und erhielt während der reichsweiten Bauernkrise und der Bauernaufstände in Schleswig-Holstein 1930 den größten Wählerzuspruch. Der relative, aber einmalige Wahlerfolg 1930 war eindeutig auch auf die Sezessionen in der DNVP zurückzuführen. 1928 hatte die CNBL mit knapp 600.000 Wählern neun Mandate im Reichstag errungen. 1930, inzwischen umbenannt in „Deutsches Landvolk“ (wobei der alte Parteiname meist in Klammern hinzugefügt wurde) und bereichert um einige Dissidenten aus der DNVP, wuchs ihre Stimmenzahl auf 1,1 Millionen (= 3,2 %) an, mit denen sie 19 Reichstagsabgeordnete stellen konnte. Regional erzielte sie dabei beachtliche Ergebnisse, so konnte sie in ländlich-protestantischen Gebieten Ober- und Mittelfrankens die radikalisierte DNVP kurzzeitig beerben und wurde in zehn Landkreisen (damals Bezirksämtern) stärkste Partei. Sie verlor 1932 aber fast alle Wähler an die NSDAP.“[15]

Remer stellte die CNBL als „berufsständische“ Partei im Unterschied zu den von ihm kritisierten „Weltanschauungsparteien“ dar. Die „berufsständischen“ entsprachen eher seinem in den Folgejahren mehrfach – besonders auch in Briefen an Hitler und Goebbels – formulierten Anspruch, dass Politik nach rein sachlichen und nicht nach weltanschaulichen Gesichtspunkten betrieben werden müsste.[16]

Bauer in Peckatel

Nun wurde Otto Remer also in Peckatel wieder Bauer, und er richtete in den Folgejahren seine Siedlerstelle erfolgreich ein. Dabei halfen ihm seine soliden landwirtschaftlichen und betriebswirtschaftlichen Kenntnisse. Seine Lehrzeit, sein Studium, seine landwirtschaftliche Betriebspraxis und seine jahrelange Tätigkeit in Siedlungsgesellschaften ließen ihn zudem die Möglichkeiten, Grenzen und Risiken der Übernahme einer landwirtschaftlichen Siedlung klar erkennen. Es gelang ihm, einen gut wirtschaftenden, rentablen landwirtschaftlichen Betrieb aufzubauen, seine Fähigkeiten als Landwirt wurden anerkannt und von niemandem im Dorf bezweifelt.

Er scheint dennoch von Anfang an unglücklich mit den sozialen und politischen Verhältnissen gewesen zu sein, die er in Peckatel vorfand. Zu seiner als unglücklich empfundenen Situation trugen von ihm selbst mit verantwortete Zerwürfnisse und scharfe Auseinandersetzungen mit anderen Siedlern und dann zunehmend auch den Behörden und der NSDAP maßgeblich bei.

Nach Vergabe der Siedlerstellen dauerte es Jahre, bis sich die neuen Verhältnisse in Peckatel, das den (Rück-) Weg von einem Gutsdorf zu einem Bauerndorf beschritt, konsolidiert hatten. Mehrere Siedler gaben nach kurzer Zeit wieder auf, neue kamen. Um aufgegebenes Land, freiwerdende Gebäude, landwirtschaftliche Technik, Anlagen und Betriebsmittel wurde mit harten Bandagen gekämpft, was zu Neid und Missgunst führte. Jeder Verpachtungsvorgang gemeindeeigener Flächen wurde zum „Politikum“, da der Großteil der eingerichteten Bauernstellen für ein längerfristiges Überleben zu klein war und sich Siedler, die bei der Verpachtung leer ausgingen, benachteiligt fühlten. Vor allem Otto Remer, der um Ländereien mitstritt, vermutete Schiebung und Betrug.

Otto Remer war an allen Auseinandersetzungen aktiv beteiligt und scheute keinen Konflikt. Mehrere Jahre lang protestierte er gegen die wiederkehrende Verpachtung einer Wiese, die sich im Kommunaleigentum befand, an andere Siedler mit dem Argument, dass er selbst nicht berücksichtigt worden sei. Dem jeweils amtierenden Bürgermeister warf er vor, die Verpachtung ohne Vertrag unter der Hand vollzogen zu haben.

Vergebliche Bemühungen um die Anerkennung als landwirtschaftlicher Lehrherr

Im Grunde genommen überwarf er sich mit anderen Siedlern und Behörden schon in seinem zweiten Jahr in Peckatel. Im März 1935 beantragte Remer bei der Kreisbauernschaft in Waren die Anerkennung als landwirtschaftlicher Lehrherr. Remer führte als Grund an, dass er einen Schulfreund seines jüngsten Stiefsohnes, der gerne den Landwirtsberuf erlernen wolle, aber kein Schulgeld zahlen könne, bei sich aufnehmen und ihn unterrichten wolle. Auch seine beiden Stiefsöhne würde er „gern auf die landwirtschaftliche Lehrlingsprüfung vorbereiten.“[17]

Auf seinen Antrag hin forderte die Kreisbauernschaft einen Auszug aus Remers Strafregister an. Und daraus ergab sich der Hinweis auf ein mehrere Jahre zurückliegendes Verfahren gegen Remer wegen Beleidigung, das sich nach Auskunft des im nahen Städtchen Penzlin ansässigen Amtsgerichts offenbar „der Form nach gegen Frau Remer [gerichtet hatte], während die beleidigenden Schriftstücke durch Dr. Remer gefertigt wurden. Es handelte sich um Beleidigung von Richtern. Ein ähnliches Verfahren schwebte bei der Staatsanwaltschaft Stettin (od. Greifswald) wegen Beleidigung von Mitgliedern einer landwirtschaftlichen Kreditorganisation."

Durch Urteil des Schöffengerichts Köslin (heute Koszalin/Polen) war Remer in diesem Zusammenhang am 12.11.1929 zu einer Geldstrafe „von 200,- RM aushilflich 20 Tage Gefängnis"[18] verurteilt worden.

Die Indizien lassen als Hintergrund für das Urteil Schwierigkeiten vermuten, die das Ehepaar Remer möglicherweise in den Weltwirtschaftskrisenjahren Ende der 1920er Jahre bei der Kreditbeschaffung oder -bedienung für ihr früheres landwirtschaftliches Anwesen hatte.

Die Kreisbauernschaft, die von vornherein gegenüber Remers Ansinnen, Lehrherr werden zu wollen, eine reservierte Haltung einnahm, holte sich ein Gutachten von der Siedlungsberatungsstelle Neubrandenburg ein, das ein Diplom-Landwirt Rasenack am 3.5.1935 vorlegte. Darin wird Remer als „durchaus für geeignet" gehalten, Lehrlinge auszubilden. „Auch rein menschlich betrachtet, halte ich Remer für einen besonnenen und ruhigen Menschen, der weiss, was er will. Seine Wirtschaft macht auf mich den denkbar besten Eindruck, sobald er grössere Umorganisationen wirtschaftlicher Art beabsichtigt, macht er diese erst nach gründlicher Erkundigung. Ich gebe zu, dass seine Siedlung jung ist und er erst beweisen soll, was er kann. Aus diesem Grunde verstehe ich auch Ihre Einwendungen."

Mittlerweile hatten in Peckatel bereits Zerwürfnisse zwischen Remer und anderen Siedlern Gestalt angenommen. Denn die Kreisbauernschaft Waren teilte auf Anfrage der Landesbauernschaft und der Kreisleitung Waren der

NSDAP mit, dass „Remer von uns als politisch zuverlässig nicht angesehen werden kann. Er hat sich innerhalb der Wirtschaftsgenossenschaft Peckatel als Querulant herausgestellt und als solcher schon des Oefteren Schwierigkeiten, die an den Haaren herbeigezogen waren, verursacht.“[19]

Remer wurde nun vertröstet und gebeten, seinen Antrag im folgenden Jahr wieder einzureichen, was er offenbar auch tat, allerdings nicht bei der Kreisbauernschaft, der er nicht (mehr) traute, sondern gleich eine Etage höher, bei der Landesbauernschaft.

Die Landesbauernschaft forderte weitere Unterlagen zu Remer an, sodass die Kreisbauernschaft sich vom genannten Diplom-Landwirt Rasenack von der Neubauernberatungsstelle nochmals ein Urteil einholen musste. Rasenack blieb Ende Januar 1937 bei seiner positiven Beurteilung von Remers Wirtschaftsführung, fühlte sich von diesem allerdings missbraucht, weil Remer ohne sein Wissen seinen Antrag gleich bei der Landesbauernschaft gestellt und sich dabei auf das erste Gutachten von Rasenack bezogen hatte. Auch die Kreisbauernschaft dürfte verärgert gewesen sein.

Remer verscherzte es sich endgültig – möglicherweise unbewusst und ungewollt – mit Rasenack und in der Folge mit den NS-Landwirtschaftsbehörden dadurch, dass er sich in deren Zuständigkeiten einmischte, weil er sich durch die betriebswirtschaftlichen Missstände, die er als Fachmann für ländliche Siedlung im „Siedlungsfall Peckatel“ insbesondere bei den Siedlerstellen der ehemaligen Landarbeiter klar erkannte, zur Einmischung herausgefordert sah.

Er lud die Besitzer von kleinen Siedlerstellen in Peckatel in sein Haus und besprach mit ihnen die Probleme, die sie mit der Bewirtschaftung ihrer Stellen hatten. Dazu gehörten Fragen zweckmäßiger Düngung, der Ackerbestellung und sonstige Wirtschaftsfragen. Er fertigte mit den Siedlern Bewirtschaftungspläne an und riet ihnen, noch Kirchenacker hinzuzupachten.

Davon bekam Rasenack Wind und beschwerte sich bei der Kreisbauernschaft Waren: „Es ist mir unverständlich, was diese Einzelmaßnahme des Herrn Dr. Remer bezwecken soll, zumal da Letzterer weiß, daß in wirtschaftlichen Angelegenheiten der Siedlungsberater bezw. die Landwirtschaftsschule zuständig ist" – also er selbst.

Auch der Bürgermeister beschwerte sich über Remers „heimlich einberufene Versammlung", mit der er „auch noch die anderen Siedler, d. h. diejenigen Siedler, die hier von den ehemaligen Gutsarbeitern angesetzt wurden, gegen mich aufzuhetzen" versuche.[20] Hier offenbarte sich indirekt ein latenter Konflikt zwischen den zugezogenen Siedlern und einheimischen ehemaligen Landarbeitern.

Vorwurf der ungenehmigten Beratung von Siedlern

Da Remer fachlich nichts vorgeworfen werden konnte, musste letztlich eine politische Beurteilung durch die NSDAP-Kreisleitung Waren-Müritz herhalten, um seinen Antrag auf Anerkennung als Lehrherr abzulehnen. Der NSDAP-Kreisleiter Dr. Hinkel schrieb am 6.2.1937 an die Kreisbauernschaft:

„Dr. Remer gilt für uns nicht als politisch zuverlässig, wofür folgende Handlungen den Beweis erbringen: 1.) Remer trat aus dem Opferring. 2.) Er hat als einziger Siedler den Beitritt zur Ehrengemeinschaft abgelehnt. 3.) Remer hat bei der Altmaterialiensammlung am Sonntag, dem 31. den Hand- und Spanndienst abgelehnt. 4.) Remer trägt nicht zur Herstellung der Volksgemeinschaft in

Peckatel bei, da er stets einen Keil zwischen die Siedler zu treiben sich bemüht, die Siedler in zwei Gruppen aufspaltet. 5.) Dr. Remer hat zwei Stiefsöhne, die keiner [nationalsozialistischen] Formation angehören. Auf Grund dieser Nachrichten muss ich Dr. Remer unbedingt die Fähigkeit, als landwirtschaftlicher Lehrherr zu fungieren, absprechen."[21]

Remer versuchte sich wegen des Vorwurfs der ungenehmigten Neubauernberatung zu rechtfertigen – und verschlechterte seine Lage dadurch noch weiter. Denn er begründete in einem fachlich wohl begründeten Bericht zur Lage der ländlichen Siedlung sein Engagement damit, dass er die Beratung der angesiedelten früheren Landarbeiter für ungenügend hielt und zwar in ganz Mecklenburg:

„Es handelt sich hier um eine Siedlerschicht, die fast ohne wirtschaftliche Vorkenntnisse selbständig geworden sind und früher daran gewöhnt waren, täglich die zu leistenden Arbeiten vom Betriebsführer oder Inspektor vorgeschrieben zu erhalten. Ihnen fehlt meist jede theoretische Grundlage und eigene praktische Erfahrung. Wenn es auch eine mehr oder weniger grosse Anzahl geben mag, die sich in die Selbständigkeit hineinfinden, so sind das offenbar an der Gesamtzahl der angesiedelten ehemaligen Gutstagelöhner – in Mecklenburg nach den statistischen Angaben 35 % aller Neubauern – gemessen nur wenige. Die Mehrzahl klagt darüber, dass sie wirtschaftlich nicht vorwärts kommen, die steigenden Zinsen nicht aufbringen können und heute schlechter dastehen als früher. Sie suchen Abhilfe in Massnahmen, die schwer oder gar nicht durchzuführen sind. Zinssenkung und dergl. fordern Vergrösserung ihrer Stellen, um besser bestehen zu können. Dabei ist an diese Leute schwer heranzukommen, weil sie eine verständliche Scheu haben, sich zu offenbaren und ihr schlechtes wirtschaftliches Fortkommen auf ihre eigenen unzureichenden Berufskenntnisse zurückzuführen.

Die Tätigkeit der hauptamtlich angestellten Siedlerberater wird hier auch nicht Abhilfe schaffen können, weil diese nach meinen Erfahrungen sehr stark mit Arbeit belastet sind, einen Wochentag für Unterricht an den bäuerlichen Werkschulen hergeben müssen und zur notwendigen Einzelberatung der zurückgebliebenen Neubauern nicht genügend Zeit zur Verfügung haben. Ihre Beratung wird immer mehr eine summarische in Vorträgen sein müssen, von denen die Tagelöhnersiedler kaum einen Nutzen haben, weil sie das Gebotene entweder gar nicht verstehen oder doch nicht für ihre Wirtschaften nutzbringend verwenden können. Es kommt hinzu, dass diese Siedlerschicht in den Siedlerberatern, auch wenn es sich um hervorragend praktisch veranlagte Herren handelt, doch immer nur die Theoretiker sehen, von denen sie nur schwer etwas, meistens gar nichts annehmen.

Im grossen und ganzen liegen diese Verhältnisse wohl in allen Siedlerdörfern gleich, ob es sich nun um Peckatel oder Krukow oder andere Neubauerndörfer handelt. Der Schaden, der hierdurch entsteht, trifft nicht nur diese Neubauern selbst, sondern ist auch geeignet, die Bedeutung der Neubildung deutschen Bauerntums in weiteren Volkskreisen herabzumindern. Vor allem kommen wir bei der hier in Frage stehenden Siedlerschicht in absehbarer Zeit keineswegs zu der im Rahmen des Vierjahresplans[22] erforderlichen Erzeugungssteigerung, sondern eher zu einer Herabsetzung der Leistung im Vergleich zu der früheren Gutswirtschaft.

Ich habe vor 14 Tagen mit Rücksicht auf die ständigen Klagen und Besorgnisse der hier angesetzten ehemaligen Gutstagelöhner – hier 50% aller Neubauern – diese erstmals bei mir versammelt und ihnen einmal das Ganze der

Betriebseinrichtung – die Betriebe haben alle ungefähr dieselbe Grösse – auseinandergesetzt, also genaue, durch Zahlen aus meiner eigenen Wirtschaft belegte Richtlinien für ihre Betriebsführung gegeben. Nach meiner Ansicht könnte durch ein solches Verfahren und eine etwaige notwendige Einzelberatung ein durchdringender Erfolg erreicht werden.

Falls Sie eine besondere Beratung dieser Siedlerschicht oder die Neugestaltung der bisherigen Beratung ebenfalls für notwendig halten, bin ich gern bereit, Ihnen meine Vorschläge hierzu mündlich oder schriftlich zu unterbreiten." [23]

Das war starker Tobak!!

Mit diesem Schreiben musste Remer nicht nur den Siedlerberater endgültig gegen sich aufbringen, sondern auch die NS-Kreisbauernschaft und die NSDAP selbst, steckte darin doch geharnischte Kritik an der NS-Siedlungspolitik. Er schaufelte sich damit – in aus professioneller Sicht guter Absicht und in diesen Dingen berufserfahren – in Peckatel letztlich sein politisches Grab und dies – das wird noch zu zeigen sein – bis weit in die Nachkriegszeit hinein.

Die „ungenehmigte Beratung" bedeutete zunächst das Ende für sein Ansinnen, als Lehrherr anerkannt zu werden. Die Kreisbauernschaft Waren teilte der Landesbauernschaft mit, dass es „keineswegs gutgeheißen werden [kann], dass Dr. Remer sich auf diesem Gebiete [der Neubauernberatung] in Peckatel betätigt, weil derselbe nach unserer Ueberzeugung nur ein Interesse daran hat, um im Verborgenen innerhalb der Dorfgemeinschaft Peckatel Streit und Schwierigkeiten herbeizuführen." Die Landesbauernschaft schrieb gleich an die Kreisbauernschaft zurück und kündigte an, Remer keine Anerkennung als Lehrherr aussprechen zu wollen. Da Remers Fachwissen außer Frage stand, sollte seiner dadurch herausgehobenen Stellung mit einem eigenen Ortsbauernführer (OBF) in Peckatel – das Dorf wurde bis dahin vom OBF Klein Vielen namens Kietzer „mitbetreut“ – begegnet und Remer durch „kontrollierte Integration“ politisch ausgeschaltet werden. Die Kreisbauernschaft sträubte sich allerdings gegen die Installierung eines eigenen OBF für Peckatel mit der Begründung, dass sie dem Dr. Remer fachlich und intellektuell gewachsen sei.[24]

Zur Demontage von Remers Person trug schließlich noch der „Landesverband mecklenburgischer landwirtschaftlicher und Raiffeisen-Genossenschaften e. V.“ bei. Auch dieser führte Beschwerde darüber, dass Remer ungenehmigte Siedlerberatung betreibe und versuche, „die Gemeinschaftsarbeit in der Siedlung Peckatel zu zerschlagen“, woraufhin die Kreisbauernschaft der Landesbauernschaft mitteilte, dass sie es „unbedingt“ begrüßen würde, wenn Remer aus der Spar- und Wirtschaftsgenossenschaft Peckatel ausgeschlossen würde. Der Auschluss erfolgte am 30.6.1937, wogegen Remer Beschwerde einlegte, und zwar nicht nur bei der Spar- und Wirtschaftsgenossenschaft, sondern gleich auch beim Beauftragten für den Vierjahresplan in Berlin, Hermann Göring. Diese Beschwerde führte dazu, dass die Genossenschaft einen Rückzieher machen musste, jedoch verschärfte die Remersche Intervention an höchster Stelle die Aktivitäten seiner Gegner.[25]

Remers Beratungstätigkeit war in Einzelfällen aber auch eine offizielle, bei der sein Fachwissen gerne gesehen war: So wurde Remer 1935 von der Mecklenburgischen Landgesellschaft als Trägerin der Ansiedlung in Peckatel als Schlichter des Streites zwischen dem bisherigen Dorfschmied und dem Besitzer der neuen Handwerkerstelle und amtierenden NSDAP-Bürgermeister, der ebenfalls die Durchführung von Schmiedearbeiten beanspruchte, bestellt. Aber: Da der bisherige Dorfschmied seine Rechte wahren konnte, fühlte sich der „Neue“ durch Remer benachteiligt, eine neue Feindschaft war entstanden.

Konflikte über Konflikte

Otto Remer musste sich im Ergebnis dieser Auseinandersetzungen, die ihm die Verweigerung der Anerkennung als landwirtschaftlicher Lehrherr und der Ablehnung einer Beratertätigkeit einbrachte, ungerecht behandelt und in seiner Ehre als Fachmann zutiefst gekränkt fühlen. Gekränkt fühlte er sich auch durch Ereignisse, die aus heutiger Sicht banal und kleinkariert erscheinen, aus der damaligen Zeit mit Blick auf seine Herkunft aus einer Gutsbesitzerfamilie und seinen Status als Dr. phil. und Offizier der Reserve nachvollziehbar sind. Denn in den Streitigkeiten zwischen Remer und anderen Siedlern traten mehrmals Konflikte zutage, die mit der unterschiedlichen sozialen Herkunft der Kontrahenten zu tun hatten.

In den Augen sowohl einiger der zugezogenen Bauern als auch einzelner Sieder aus der Schicht der Tagelöhner wurde er mehr und mehr als Störenfried und Besserwisser gesehen, vor allem auch, weil er sie die sozialen Unterschiede und seinen Bildungshintergrund manches Mal spüren ließ.

Remer beschwerte sich zum Beispiel darüber, dass ein anderer Siedler ihn nicht mit Dr. anredete, sondern mit „Siedler Remer“ und er drohte deshalb, ihn anzuzeigen.[26]

Und je mehr er sich gegen aus seiner Sicht erlittenes Unrecht wehrte und sich über vermeintliche, aber vielfach tatsächliche Missstände im Dorf beschwerte, desto mehr wurde von ihm das Bild eines Querulanten gezeichnet.

Im Januar 1937 wurde Remer selbst wegen Beleidigung des damaligen Bürgermeisters angezeigt und im Februar dem Landrat von Waren durch die Gendarmerie Penzlin zwangsweise zugeführt, nachdem er zwei Ladungen keine Folge geleistet hatte.[27]

Der Landrat hatte am 9.2.1937 bei der Oberstaatsanwaltschaft Güstrow Strafantrag gegen Remer gestellt. Der Oberstaatsanwalt hatte die Anzeige zunächst an den Oberstaatsanwalt in Schwerin als Leiter der Anklagebehörde beim Sondergericht zur Verfolgung auf Grund des Heimtückegesetzes abgegeben, nach dessen Bestimmungen Remer eine Gefängnisstrafe von bis zu zwei Jahren und unter Umständen gar auf unbestimmte Dauer gedroht hätte.[28] Das massenhaft angewandte Heimtückegesetz bedrohte grundsätzlich alle diejenigen, die sich kritisch über die NS-Regierung äußerten. Im NS-Jargon wurden die „Heimtücker" auch Nörgler, Meckerer, Miesmacher usw. genannt (Herlemann 1993: 333).

Der Oberstaatsanwalt in Schwerin stellte das Verfahren gegen Remer insoweit ein, als das Heimtückegesetz nicht in Frage komme, da nicht festgestellt werden könne, dass „der Beschuldigte damit rechnen musste, dass seine abfälligen Äusserungen in der Eingabe vom 4. Januar 1937 in die Öffentlichkeit dringen würden. Ich habe daher nunmehr Anklage gegen Dr. Remer beim Amtsgericht Penzlin wegen Beleidigung erhoben."[29]

In der mündlichen Verhandlung, in der Remer und der Bürgermeister gehört wurden, wird deutlich, dass es um Eitelkeiten, aber mehr noch um materielle Dinge ging. Remer wollte, dass aus den Wehrstammpapieren seines Sohnes die Eintragung getilgt wurde, dass sein Sohn „Landarbeiter" sei. Remer hatte sich zudem darüber beschwert, dass sein Antrag, ihm eine Landhelferin zuzuweisen, abgelehnt, eine Gemeindekoppel an den seiner Meinung nach schlechtesten Landwirt im Dorf und nicht an ihn verpachtet und schließlich seine Bewerbung um die Gemeindejagd nicht berücksichtigt worden sei. Remer führte noch einige Begebenheiten an, die ihn zu der Meinung veranlasst hätten, dass der Bürgermeister gegen ihn eingestellt sei.[30]

Der Bürgermeister stritt die Vorwürfe ab bzw. stellte die Sachverhalte anders dar. Vorgeladene Zeugen wie der Stützpunktleiter der NSDAP in Peckatel stellten Remer als Gegner des NS-Staates dar. Er sei politisch unzuverlässig und könne daher auch keine Landhelferin zugewiesen bekommen. Andere Zeugen, allesamt NSDAP-Mitglieder, bezeichneten Remer als „Querkopf".[31] Remer indes sprach allen Zeugen die Zeugenfähigkeit ab, da sie allesamt NSDAP-Mitglieder und durch Parteidisziplin gebunden seien.

Remer ließ in den Auseinandersetzungen nicht locker und beklagte sich in der Folge mehrmals bei der Abteilung Landwirtschaft im Mecklenburgischen Staatsministerium darüber, dass seinen Beschwerden u. a. über die Regulierung der Abflussverhältnisse am Dorfteich und über das Verfahren der Verpachtung gemeindlicher Koppeln nicht richtig nachgegangen worden sei. Er sprach in seinen Beschwerdeschreiben von „Schiebung" („was man früher als eine Schiebung bezeichnete"[32]) und beantragte beim Landgericht Güstrow, dass über seine Beschwerden, die sich nicht nur gegen den Bürgermeister, sondern mehrmals auch gegen den Warener Landrat richteten, erneut „Beweis erhoben" werden solle.[33]

Am 8.12.1937 erging ein Haftbefehl vom Amtsgericht Neustrelitz und tatsächlich wegen des Vorwurfs eines Vergehens gegen §§ 1 und 2 des Heimtückegesetzes vom 20.12.1934. Remer habe „1. in einem an den Reichsarbeitsdienst, Arbeitsgau VI, Schwerin, gerichteten Brief unwahre Behauptungen tatsächlicher Art aufgestellt, die geeignet sind, das Ansehen einer Gliederung der NSDAP zu schädigen, indem er behauptete, die jungen Leute beim Arbeitsdienst verlören dort die Lust zum Arbeiten und müssten nach ihrer Rückkehr erst mühsam wieder zurecht gestaucht werden und 2. öffentlich gehässige, von niedriger Gesinnung erzeugende Äußerungen über die vom Staat geschaffenen Einrichtungen gemacht zu haben, die geeignet sind, das Vertrauen des Volkes zur politischen Führung zu untergraben, indem er gegen den Reichsnährstand, dem Reichsarbeitsdienst die in dem Brief vom 28.1.37 enthaltenen weiteren Äusserungen machte. (28.11.1937). Vergehen gegen §§ 1 und 2 des Gesetzes vom 20.12.34. Er ist dieser Straftat dringend verdächtig und bei der Höhe der zu erwartenden Strafe fluchtverdächtig."[34]

Dieser Haftbefehl wurde vollstreckt und Remer saß daraufhin in Neustrelitz drei Monate in Untersuchungshaft.[35]

Noch gefährlicher wurde es für Remer, als die Geheime Staatspolizei in Aktion trat. Sie erbat im Januar 1938 vom Warener Landrat Mulert die Abgabe einer „Stellungnahme über das politische Vorleben und über die positive Einstellung des O. Remer zum Staat".[36] Der Landrat stellte sich in diesem Fall vor Remer. Er informierte Anfang Februar 1938 darüber, dass ihm Remer vor 1934 aus seiner früheren Tätigkeit im mecklenburgischen Siedlungsamt bekannt gewesen sei. Er habe von Remer den Eindruck gewonnen, dass er „ein Mensch war, der auf nationaler und völkischer Grundlage stand. Später habe ich ihn dann in Peckatel als Siedler wiedergetroffen und ihn dann etwas näher kennen gelernt, wie er wegen der Senkung des Dorfteiches in Differenzen mit dem Bürgermeister in Peckatel geriet. Während ich ursprünglich geglaubt habe, dass die Schuld an diesen Differenzen hauptsächlich bei Dr. Remer gelegen hat, habe ich im Laufe dieses langen Streites meine Auffassung insofern reformiert, als auch den Bürgermeister [..] durch Verschleppung der ganzen Angelegenheit eine Schuld getroffen hat. Im Laufe dieses Streites hat Dr. Remer sich dann auch mehrfach über mich beschwert. Diese Beschwerdeakten sind angeschlossen und ich nehme auf sie Bezug. In dieser Angelegenheit habe ich dann Herrn Dr. Remer wegen eines Schreibens an mich bei der Staatsanwaltschaft in Güstrow angezeigt, da er sich in diesem Schreiben – gelinde gesagt – im Ausdruck gegen Staat und Partei vergriffen hatte. Herr Dr. Remer wurde in der ersten Instanz freigesprochen. In der zweiten Instanz habe ich meinen Beleidigungsantrag zurückgenommen, da ich mir nach dem Urteil und nach der Einstellung des Bürgermeisters [..], die mir allmählich klarer geworden war, von der Durchführung des Strafverfahrens keinen Erfolg mehr versprach. Auf Grund dieser Beschwerde habe ich mir mein Urteil über Dr. Remer jetzt etwa wie folgt gebildet: Ich halte Dr. Remer für einen national und völkisch eingestellten Mann, der unter dem Druck des schweren Siedlerlebens sehr um seine Existenz zu ringen hat und infolgedessen leicht dazu neigt, über irgendwelche Massnahmen verärgert zu sein. Er verrennt sich dann in diesen Ärger und läuft Gefahr, fast wie ein Querulant gegen das anzugehen, was nach seiner Auffassung ihm diese Schwierigkeiten bereitet hat. Hierbei ist er dann so unvorsichtig, diesem seinem Ärger in Ausdrücken Luft zu machen, die er meiner Meinung nach bei klarer und ruhiger Beurteilung der Sachlage nicht gebraucht hätte. Er ist aber dann so querköpfig, dass er dies nicht zugeben will, und beharrt bei seiner unrichtigen Auffassung.“[37]

Untersuchungshaft und drohende Verurteilung und die „Nachsicht“ des Landrats schwächten Remers „Kampfesmut“ jedoch nicht, sondern befeuerten ihn noch, wobei er nicht davor zurückschreckte, die Peckateler Verhältnisse an höchster Stelle anzuprangern. Am 17.6.1938 beschwerte er sich beim Reichsminister des Innern über die Hand- und Spanndienste in der Gemeinde Peckatel, die er als überflüssiges Überbleibsel aus der Zeit der „Frondienste“ darstellte. Und er beschwerte sich unter Bezugnahme auf die unbefriedigende Situation am Gemeindeteich erneut über den Bürgermeister,[38] woraufhin das Innenministerium beim Staatsministerium in Schwerin um Klärung der Sache bat. Der Vorgang landete wieder beim Landrat.

Nun sah auch dieser in Remer einen „notorischen Querulanten“[39] und sich in der Folge durch weitere Beschwerdeschreiben Remers an das Mecklenburgische Staatsministerium über die Verpachtungsvorgänge in Peckatel bestätigt. Immerhin erreichte Remer aber, dass das Staatsministerium dem Landrat bedeutete, dass es den Modus der Verpachtung „für kaum zweckmäßig und dazu geeignet [hielt], den Widerspruch der Siedler, die an der Nutzung der Koppel nicht beteiligt sind, geradezu heraus[zu]fordern“. Auch der Nutzungsmodus sei zumindest eigenartig.[40]

Ende 1938 deutete sich an, dass der alte Bürgermeister den Ort verlassen würde. Der designierte neue, ein zugezogener Siedler aus Franken, war einer der Nutznießer der bisherigen Verpachtungspraxis.

Remer lag von Anfang an mit ihm in Streit. Er warf ihm (und anderen) nicht nur „Schiebung“ bei der Verpachtung der Gemeindekoppel vor, sondern er zeigte ihn darüber hinaus wegen Betruges und Untreue beim Verkauf einer Schrotmühle an die dörfliche Spar- und Wirtschaftsgenossenschaft an. Der designierte Bürgermeister habe als Vorsitzender der Genossenschaft zusammen mit einem weiteren Siedler eine in seinem und des Siedlers „Eigentum stehende Schrotmühle gekauft, von der er wußte oder den Umständen nach wissen mußte, daß sie nicht mehr verwendungsfähig war und daß der dafür angesetzte Preis viel zu hoch war. Die Schrotmühle hat sich nach kurzer Zeit nicht mehr als betriebsfähig und nicht einmal mehr als reparaturfähig erwiesen.“[41]

Remer stellte auch die Eignung des neuen Bürgermeisters für dieses Amt in Frage, wobei auch Kritik an den Modalitäten der Besetzung des Amtes in der NS-Zeit anklang: „Da sich in der hiesigen Gemeinde seit längerem das Gerücht hält, der jetzige Bürgermeister beabsichtige, sein Amt in einiger Zeit niederzulegen und einen zugewanderten, auf Kündigung angestellten hiesigen Ortsbewohner zum Bürgermeister vorzuschlagen, bitte ich ergebenst um Mitteilung, welche Bestimmungen für die Ernennung zum Bürgermeister massgebend sind. Insbesondere wäre ich dankbar für eine Mitteilung darüber, ob als Bürgermeister nur Parteimitglieder in Betracht kommen, ferner, ob die Einwohner ein Mitbestimmungsrecht bei der Wahl bezw. Ernennung haben oder nicht.

Mir liegt an einer Klärung der Rechtsgrundlage, die, soweit ich sehe, in der Gemeindeordnung vom 30.1.35 nicht in ausreichendem Maße gegeben sein dürfte. Es erübrigt sich wohl, besonders darauf hinzuweisen, dass mein Interesse an der Angelegenheit sich in der vollständigen Klärung der Rechtsgrundlage erschöpft.“[42]

Der seit Anfang 1939 amtierende neue Bürgermeister beantragte auf Remers Anzeige hin ein Disziplinarverfahren gegen sich selbst als Bürgermeister, um die Vorwürfe klären zu lassen, und stellte sein Amt bis zur Erledigung des Verfahrens zur Verfügung. Der Landrat ersuchte ihn daraufhin, sein Amt weiter auszuüben.[43]

Um die Wogen in Peckatel zu glätten, bat der Landrat den Bürgermeister zu erwägen, Remer bzw. seinen Stiefsohn zukünftig an der Verpachtung der Gemeindekoppel zu beteiligen.[44]

Remer sollte im Gegenzug eine Erklärung unterschreiben, dass er unter diesen Bedingungen seine Beschwerden als erledigt ansehe. Remer unterschrieb sie, weigerte sich aber anzuerkennen, dass ein Rechtsanspruch bei der Verpachtung der Gemeindekoppel für ihn nicht bestünde, sondern dass nur Billigkeitsgründe seine Beteiligung an der Pacht ermöglichen sollten. Er forderte gleichen Rechtsanspruch auf die Gemeindekoppel.[45] Am 7.4.1939 teilte Remer dem Landrat schließlich doch mit, dass er seine Beschwerden zurückziehen wolle.

Remers Anzeige gegen den neuen Bürgermeister endete schließlich am 26. Mai 1939 damit, dass er von der Strafkammer des Landgerichts Güstrow wegen Beleidigung einer Amtsperson zu einer Gefängnisstrafe von zwei Monaten verurteilt wurde, die er in Neustrelitz absitzen sollte.[46] Diese Haft blieb Remer „auf Grund des Gnadenerlasses des Führers vom 9. September 1939“[47] erspart.

Briefe an Hitler und Goebbels

In den Akten der Außenstelle Neubrandenburg des Stasi-Unterlagenarchivs im Bundesarchiv sind Entwürfe von Briefen erhalten geblieben, die Otto Remer in einem engen zeitlichen Zusammenhang zu dem Gerichtsverfahren 1939 an Reichskanzler Adolf Hitler und Reichspropagandaminister Joseph Goebbels geschrieben hat. Ob er sie abgeschickt hat, ist nicht bekannt, da die Gegenüberlieferungen fehlen. Die Briefe werfen ein Licht auf eine Persönlichkeit, die nach Anerkennung suchte, beruflich keine Erfüllung gefunden hatte und die Verhältnisse in Peckatel in politischer, sozialer wie ökonomischer Hinsicht als bedrückend empfand.

Remer wollte – so einer der Briefentwürfe – Hitler bitten, ihm eine andere Tätigkeit zuweisen lassen zu wollen „als sie die Bewirtschaftung eines kleinen landwirtschaftlichen Betriebes von knapp 30 ha darstellt [...].“ Er sei den Anforderungen auch körperlich nicht gewachsen. Seine „mehrjährigen Bemühungen um eine angemessene Tätigkeit“ hätten zu keinem Ergebnis geführt. Er habe sich „vor längerer Zeit bereits zweimal an den Stellvertreter des Führers gewandt. Seitdem werde ich von mehreren Arbeitsämtern, auch dem in Berlin, wohin ich gerne zurück möchte, als Arbeitssuchender geführt, irgendein Erfolg ist aber nicht abzusehen.

Es müsste doch möglich sein, einem alten Frontkämpfer [...] eine angemessene Tätigkeit zuzuweisen.“[48]

In anderen Brief-Entwürfen übt er scharfe Kritik an der Besetzung von Ämtern mit NSDAP-Mitgliedern, die er zudem als inkompetent wertet: In einer ersten Fassung vom 29.5.1939 eines Briefes an Goebbels beklagt er, dass „der grössere Teil des deutschen Volkes sich gegenüber den nur etwa 7 v. H. ausmachenden Parteimitgliedern zurückgesetzt fühlt. Gewiss wird sich ein grosser Teil der Nichtparteimitglieder mit dem heutigen Zustand abfinden, der entwickeltere, wertvollere, selbstbewusste empfindet ihn aber um so schmerzlicher. ‚Wir sind heute Staatsbürger nicht einmal 2., sondern 3. Klasse‘, heißt es. Die Aemter und Posten werden ausschließlich oder überwiegend durch Parteimitglieder besetzt. Dabei ist nicht die Leistung massgeblich, sondern nur die Gesinnung. Beide decken sich aber nicht immer.“

Die „alten Kämpfer“ seien in vielen Fällen im Wesentlichen aus opportunistischen und egoistischen Motiven zur Partei gestoßen. Es finde nun auf der einen Seite „eine ganz unberechtigte Aufwertung der Minderwertigkeit statt, auf der andern eine ebensolche Abwertung der tüchtigen und ordentlichen Leute“.

Ein Mitarbeiter des MfS Neubrandenburg, das dieses Schreiben Jahre später in die Hände bekommen hatte, strich darin lediglich eine Passage rot an, in der Remer dem Goebbels versicherte, dass er „die Aufrechterhaltung des nationalsozialistischen Staates unter allen Umständen für nötig“ halte. Wenn dieser versinke, „kommt nicht etwa ein neuer, sondern das bolschewistische Chaos.“ Über den völkischen Inhalt des NS-Staates könne es „also gar keine Diskussion geben, [...] Wohl aber die Form [...]“.[49]

Eine zweite Fassung datiert ebenfalls vom 29.5.1939 und enthält eine Passage, in der er sich einerseits als einen vom NS-Regime (zu Unrecht) Verfolgten darstellte, andererseits den staatlicherseits erwünschten Vorrang politischer Loyalität vor fachlicher Leistung beklagt. Zugleich vermittelt er selbst den Eindruck politischer Loyalität:

„Hier liegt nach meiner Meinung der grosse Irrtum des Nationalsozialismus. Er hat einen neuen und guten völkischen Gedankeninhalt, bedient sich aber einer nicht artgemässen Form. Alle, die ‚meckern‘ (übrigens auch ein jüdischer Ausdruck!) geraten leicht in den Ruf der Staatsfeindlichkeit. Man schlachtet sie freilich nicht ab, wie in Russland, aber wozu gibt es Gefängnisse und K. Z. Lager [unleserlich rot durchgestrichen und ersetzt, H. B.]. Ueberflüssig zu sagen, dass der ergebenst Unterzeichnete auch schon 3 Monate Untersuchungshaft im Namen des Heimtückegesetzes über sich hat ergehen lassen und dass man ihm nun wieder den Prozess macht mit der Behauptung, er habe einen politischen Leiter beleidigt.

So ist die Wirklichkeit. Deutschem Wesen entspricht diese unterschiedliche Behandlung [von NSDAP-Mitgliedern und Nicht-Parteimitgliedern, H. B.] nicht. Das deutsche Prinzip heißt allein Leistung, nicht Gesinnung. Gesinnung ist oft nur charakterliche Verlumpung."[50]

In einem weiteren undatierten Briefentwurf an Hitler kritisiert er ebenfalls, dass die NSDAP als Partei mit „geschlossenem Mitgliederbestand" agiere, in der die Praxis vorherrsche, die Parteimitglieder „in erster Linie" unterzubringen, während alle „Nicht Pgs sich als Menschen 3. Klasse fühlen und bezeichnen [...]. An einem für mich akuten Beispiel darf ich die Richtigkeit des hier Vorgetragenen unter Beweis stellen: Der hiesige Gemeindebürgermeister, Schmiedemeister [...] ist, wie hier von den Alteingesessenen behauptet wird, früher Marxist gewesen. Nicht lange vor der Machtergreifung soll er gelegentlich einer Reichstagswahl noch erklärt haben, er denke gar nicht daran, Adolf Hitler [durchgestrichen und ersetzt durch „nationalsozialistisch"] zu wählen. [...] Ich könnte eine ganze Reihe von Beispielen erwähnen, an denen ich selbst seine charakterliche Einstellung erfahren habe. Falsche Berichte und Auskünfte über mich bezw. meine Familie, Falschbeurkundung unter Beidrückung des Dienstsiegels, Fälschung eines für mich wesentlichen Sachverhalts, Vernachlässigung seiner Amtspflichten zu meinen Ungunsten, insbesondere im Zusammenhang mit einer durch den hiesigen Gemeindeteich verursachten Ueberschwemmung, Verschiebung von Gemeindeland an einen anderen massgeblichen, aber im übrigen beruflich völlig unbrauchbaren Pg. [...]. Nicht viel anders liegen die Dinge mit dem hiesigen Stützpunktleiter [Es handelte sich um den NSDAP-Ortsbauernführer, H. B.]. Er hat die grösste Wirtschaft, hat diese aber bisher in einer geradezu unverantwortlichen Weise geführt. Trotz des Vierjahresplans. Eine Besserung ist auch nicht in Aussicht. Trotzdem ist er der massgebliche Mann, der in allem gehört wird und letzten Endes bestimmt." Und: „Die Diktatur ist eine Regierungsform für Kinder und Analphabeten/unreife Völker."[51]

Auf dem Weg nach oben!?

Aus den Akten geht hervor, dass Remer Anfang des Jahres 1939 eine Beschäftigung im Lohnbüro der Mecklenburgischen Metallwarenfabrik in Waren gefunden hatte. Seit Anfang 1937 hatte er versucht, wieder eine Tätigkeit zu finden, die seinen Ansprüchen genügte und seiner Qualifikation entsprach. Dem Landrat des Kreises Waren teilte er damals mit, dass er sich „an den Stellvertreter des Führers, Herrn Reichsminister Hess gewendet [habe] mit der Bitte, mir eine andere Tätigkeit zuzuweisen. Falls mein Schreiben Ihnen auf dem Dienstwege zur Äusserung vorgelegt werden sollte, habe ich die Bitte an Sie, unter Berücksichtigung der hier vorliegenden Verhältnisse meinem Bestreben, in eine andere Tätigkeit zu kommen, förderlich sein zu wollen."[52] Nachdem er nun endlich in Waren eine Stelle gefunden hatte, wurde seine Siedlerstelle von seinem ältesten Stiefsohn bewirtschaftet.[53]

Hatte Otto Remer nun seinen Frieden gefunden? Den „Friedenswillen", den er zum Beispiel mit der Rücknahme seiner Beschwerden zeigte, deutete darauf hin. Und der Frieden schien länger anzuhalten, da es für ihn in beruflicher Hinsicht nach oben zu gehen schien: Vom 1. März 1941 an[54] war er in Berlin beim „Reichsführer SS [Heinrich Himmler], Reichskommissar für die Festigung deutschen Volkstums (RKF), Stabshauptamt Berlin" und zwar nach eigenen Angaben beim „Hauptamtschef SS Gruppenführer und Generalleutnant der Polizei Greifelt, als Sachbearbeiter im Amt IV, Landwirtschaft" tätig.

Otto Remer mietete eine Wohnung am Stuttgarter Platz 1/IV in Berlin-Charlottenburg und war fortan mit Zweitwohnsitz in Berlin gemeldet.

Sein Chef, Ulrich Greifelt, war im Oktober 1939 zum Leiter des Stabshauptamtes des Reichskommissars für die Festigung deutschen Volkstums ernannt worden und maßgeblich an der Planung und Durchführung des berüchtigten „Generalplans Ost" beteiligt (hierzu mit zahlreichen Dokumenten Madajzcyk 1994). Die Arbeiten im Amt IV Landwirtschaft des RKF standen in einem engen Zusammenhang mit dem „Generalplan Ost". Ziel dieses Planes war eine Neuordnung und z. T. Neubesiedelung der im Laufe des faschistischen Eroberungs- und Vernichtungskrieges eroberten polnischen und sowjetischen Gebiete im Sinne einer deutschen Oberherrschaft.

„Hitler und Stalin hatten in einem Abkommen 1939 die räumlichen Interessen Deutschlands und der Sowjetunion voneinander abgegrenzt. Nun begannen die Nationalsozialisten, die seit Jahrhunderten über Osteuropa verstreut siedelnden Deutschen ‚heim ins Reich' zu holen. Mit diesen ‚Volksdeutschen' sollten [nach dem ersten von mehreren Planentwürfen, H. B.] die westlichen Regionen des besetzten Polen ‚germanisiert' werden.

Im Januar 1944 lebten in den annektierten Teilen Westpolens 353 000 ‚Volks'- und 370 000 ‚Reichsdeutsche'. Bedingt durch den deutschen Rückzug aus der Sowjetunion wurden bis Ende 1944 weitere 250 000 ‚Rußlandumsiedler' in den ‚Warthegau' transportiert.

Innerhalb der polnischen Bevölkerung suchten die Nationalsozialisten nach ‚deutschem Blut'. Bis 1944 teilten sie 2,8 Millionen Menschen nach den Kategorien der ‚Deutschen Volksliste' in mehr oder minder ‚eindeutschungsfähig' ein. Da nur ‚gutrassige' Individuen als deutsche Siedler in Frage kamen, überprüften die Rassenexperten der SS bis Ende 1944 in ganz Europa etwa 1,2 Millionen ‚Volksdeutsche' sowie 1,5 Millionen ‚Fremdvölkische' auf ihren rassischen Wert. Auf der Grundlage dieser Erhebungen wurde dann an- und umgesiedelt, vertrieben und gemordet.“[55]

Die Umsetzung des Generalplans Ost, dessen Planungsräume weit über die besetzten polnischen Gebiete hinaus bis an den Ural in der UdSSR reichten, hätte letztlich die „Umsiedlung“ (d. h. Vertreibung und Vernichtung) von mindestens 31 Millionen Menschen aus den „eingegliederten Ostgebieten“ bedeutet (Madajczyk 1996: 8 und 11; vgl. auch Madajczyk 1994). Der „Generalplan Ost“ setzte bereits gedanklich die Auslöschung großer Teile der dort lebenden Bevölkerungen durch „Umvolkung“, „Eindeutschung“, Vertreibung und Mord voraus. Im „Distrikt Lublin“ wurde er mit allen schrecklichen Folgen für die dort ansässige Bevölkerung umgesetzt (Wasser 1996: 15-61).

Otto Remers Chef Urich Greifelt wurde für seine Mitwirkung am „Generalplan Ost“ nach dem Krieg zu lebenslanger Haft verurteilt.[56]

Otto Remer war nun in der Umsiedlungsstelle des Amtes IV Landwirtschaft des RKF mit der Umsiedlung von (Volks-)Deutschen aus den überfallenen, besetzten und eingegliederten sowjetischen, polnischen und anderen Gebieten in Siedlungsgebiete des Deutschen Reiches beschäftigt.[57]

Was Remer im Amt IV im Einzelnen zu tun hatte, ist in den Akten des RKF (noch) nicht aufgefunden worden.[58] Irgendwann in der zweiten Jahreshälfte 1943 ging er auf eigenen Wunsch von der Umsiedlungsstelle im Amt IV des RKF zur Deutschen Ansiedlungsgesellschaft. Warum er seine bisherige Dienststelle verließ, ist unbekannt.

Die Deutsche Ansiedlungsgesellschaft war am 5.2.1898 einst als Deutsche Ansiedlungsbank in Berlin gegründet worden. Sie sollte eine Gesellschaft zur Förderung landwirtschaftlicher Interessen sein, die landwirtschaftliche Betriebe erwarb, veräußerte, verpachtete und betrieb. 1938 wurde sie in Deutsche Ansiedlungsgesellschaft (DAG) unbenannt. Ab 1939 nahm der Einfluss der SS mit der Aufnahme der SS-Gruppenführer Oswald Pohl, Günther Pancke und des damaligen SS-Brigadeführers Ulrich Greifelt, der Remers Chef im RKF war, in den Aufsichtsrat zu. Während des Zweiten Weltkriegs übernahm die DAG im Auftrag des RKF, des Oberkommandos des Heeres und anderer Stellen unter anderem die treuhänderische Verwaltung landwirtschaftlichen Grundbesitzes in den überfallenen, besetzten und in das Reichsgebiet neu „eingegliederten", sprich: annektierten Gebieten. Bereits 1941 wurde klar, dass auf regulärem Wege nicht die für den beabsichtigten Zweck der „Eindeutschung" dieser Gebiete benötigte Anzahl an Höfen für Neusiedler erreicht werden konnte. Die DAG übernahm in diesem Zusammenhang auch Taxaufträge in den besetzten Gebieten im Rahmen von zwangsweisen Umsiedlungen „Volksdeutscher" und „Fremdstämmiger" oder im Rahmen der Errichtung von Truppenübungsplätzen, wobei es auch hier zu Zwangsumsiedlungen kam (vgl. zu den SS-eigenen oder dominierten Siedlungsgesellschaften Heinemann 2003).[59]

In der Deutschen Ansiedlungsgesellschaft hatte Otto Remer Umsiedlungsvorgänge in der österreichischen Südsteiermark zu bearbeiten.

Von Peckatel aus hatte sich für ihn mittlerweile neues Unheil angebahnt.

Auf dem Weg ins Gefängnis

Trotz oder vielleicht sogar wegen seiner neuen Tätigkeit in Berlin hörten die Streitigkeiten in Peckatel nicht auf, im Gegenteil, sie verschärften sich derart, dass sie Remer 1944 eine insgesamt achtmonatige Gefängnisstrafe einbrachten, was auch daran lag, dass seine Streitlust neu erwachte.

Am 5.12.1941 ereilte ihn eine Anzeige des Landrates des Landkreises Waren beim Oberstaatsanwalt beim Landgericht Güstrow wegen Beamtenbeleidigung. Vorausgegangen waren Briefe, in denen sich Remer im November und Dezember 1941 beim Landrat über den Bürgermeister beschwert und gegen diesen wiederum Betrugsvorwürfe erhoben hatte. Der Landrat beantragte daraufhin über das Mecklenburgische Staatsministerium, Abt. Inneres, beim Oberstaatsanwalt beim Landgericht Güstrow, „gegen Dr. Remer die öffentliche Klage wegen Beleidigung des Bürgermeisters der Gemeinde Peckatel zu erheben." Remer erhob dagegen zwar sofort Beschwerde, aber das sollte nichts nützen. Das Staatsministerium stimmte der Fortführung des Ermittlungsverfahrens gegen Remer wegen Beleidigung zu.[60]

Am 2.7.1942 reichte Otto Remer direkt bei der Reichsleitung der NSDAP einen Antrag auf Aufnahme in diese Partei ein. Den formal üblichen Aufnahmeantrag hätte Remer eigentlich bei der zuständigen Ortsgruppe in Peckatel stellen und in diesem Zusammenhang einen Fragebogen zur Person ausfüllen müssen.

Bei diesem Fragebogen handelte es sich um den „Personal-Fragebogen zum Antragschein auf Aufnahme in die Nationalsozialistische Deutsche Arbeiterpartei". Darin wurde neben den üblichen Angaben zur Person nach Ausbildung und Berufsweg gefragt, nach militärischer Dienstzeit, „Erbgesundheit" und ob Eltern, Angehörige oder Ehegatte „frei von jüdischem oder farbigem Rasseeinschlag" waren und ob der Antragsteller „früher mit einem nichtarischen Ehegatten verheiratet" war. Auch nach der politischen Vergangenheit in der „volksdeutschen Bewegung", nach Mitgliedschaften in einer „Sonstigen Organisation des Deutschtums", nach früherer Mitgliedschaft in einer Freimaurerloge oder einer „logenähnlichen Vereinigung“, nach Zugehörigkeit zu einer anderen Partei, nach politischen Vorstrafen wurde gefragt. Die Angaben des Antragstellers bedurften der Bestätigung und Beurteilung (befürwortet/nicht befürwortet) durch den zuständigen Ortsgruppenleiter.[61]

Es war nach den Auseinandersetzungen in Peckatel nicht verwunderlich, dass Remer den Weg über die Ortsgruppe Peckatel vermeiden wollte.

Einen ersten Aufnahmeantrag in die NSDAP hatte er am 9.3.1941, wenige Tage nach seinem Dienstantritt beim RKF in Berlin, ohne den üblichen Fragebogen an die Gauleitung Mecklenburg der NSDAP gestellt. Diese sandte jedoch am 25.3.1941 „den fraglichen Aufnahme-Antragschein an Vg. [Volksgenossen] Remer zurück und fügte gleichzeitig die üblichen Aufnahmeunterlagen bei mit dem Bemerken, daß der Antrag auf Aufnahme in die NSDAP bei der zuständigen Ortsgruppe gestellt werden müßte“.[62]

Am 2.7.1942 stellte er erneut einen Aufnahmeantrag, nun aber wie erwähnt gleich bei der Reichsleitung der NSDAP, und er begründete dies damit, dass er seinen „Aufnahmeantrag bei der zuständigen Ortsgruppe nicht gestellt [habe], weil er von vornherein mit der Ablehnung seines Aufnahmeantrages durch den zuständigen Ortsgruppenleiter rechnete.“[63]

Am 7.10.1942 bat Remer von seiner Dienststelle in Berlin aus den NSDAP-Gauleiter von Mecklenburg, Hildebrandt, um Beistand.

Er schrieb Hildebrandt, dass seine Anstellung beim RKF aufgrund seiner 1939 erfolgten Verurteilung zu zwei Monaten Gefängnis gefährdet sei, da dieser Fall „bei Nachprüfung meiner politischen Verhältnisse [...] neben anderen Angaben aus der Peckateler Zeit vorgebracht worden“ sei, „die geeignet sind, meine Tätigkeit hier zu beenden, wenn sie nicht geklärt werden. Ich habe bereits zu den einzelnen

Punkten ausgesagt. Es kann angenommen werden, dass es sich um einen Bericht der für meine politische Beurteilung bis 1. März d. J. zuständig gewesenen Kreisleitung Waren (Müritz) handelt.

Otto Remer inspiziert in Peckatel eine Stute mit ihrem Fohlen.
Quelle: Archiv Dr. Betty Surmann.

Für meine politische Beurteilung darf ich zunächst auf folgendes hinweisen:

1. Bis 1. April 1934 war ich in Schwerin bei einer Siedlungsgesellschaft tätig. In der ganzen Zeit war mein Verhältnis zur Partei nicht nur völlig einwandfrei, sondern ausgesprochen gut. Leider ist mein damaliger Vorgesetzter, Direktor Friedrich Rustemeyer, der gleichzeitig mein Blockleiter als Opferringmitglied war und die vorstehenden Angaben hätte bestätigen können, inzwischen an den Folgen eines Autounfalls gestorben.“ Remer verweist auch auf seinen Neubauernschein, der seine politische Zuverlässigkeit bestätigt habe. Er schildert Hildebrandt dann seine Probleme in Peckatel mit seinen schärfsten Widersachern,

dem neuen Bürgermeister und dem Ortsgruppenleiter der NSDAP.[64]

Das Antragsverfahren wurde jedoch von Seiten der Reichsleitung der NSDAP im Oktober 1942 eingestellt, da zwischenzeitlich eine NSDAP-Anordnung vom 2.2.1942 getroffen worden war, „wonach im Einvernehmen mit dem Leiter der Parteikanzlei für die Dauer des Krieges mit sofortiger Wirksamkeit eine Mitgliedersperre verfügt" wurde.[65] So teilte der Reichshauptstellenleiter der NSDAP dem Gauschatzmeister des Gaues Berlin der NSDAP am 7.10.1942 mit, dass „von Seiten der Reichsleitung die Angelegenheit als erledigt angesehen (wird)."[66] So wurde Remer – formal gegen seinen erklärten Willen – nicht Mitglied der NSDAP, letztlich zu seinem Glück.

War die angestrebte NSDAP-Mitgliedschaft seiner Überzeugung geschuldet oder Teil seiner Verteidigungsstrategie im anstehenden Prozess? Der zeitliche Zusammenhang zwischen dem Konflikt in Peckatel und dem Vorgang um die Aufnahme in die NSDAP deutet auf diese Möglichkeit hin.

Remer, der angesichts der laufenden Anzeige Ungemach witterte, versuchte im November 1942 noch mit einem abstrusen Brief an den Landrat in Waren, seinen Kontrahenten in Peckatel aus dem Weg zu räumen: „Dem Vernehmen nach besteht die Möglichkeit, dass der jetzige Bürgermeister [..] im Laufe des Winters zur Wehrmacht eingezogen wird. Wenn es auch nicht meine Aufgabe ist, auf einen Ersatzmann hinzuweisen, sondern dies allein Ihrer Zuständigkeit [...] untersteht, so bitte ich mir doch zu gestatten, mit Rücksicht auf die noch immer nicht einwandfreien Verhältnisse im Dorf von mir aus zu dieser Frage Stellung zu nehmen. Ich würde es mir erlauben, auf den Kaufmann [..] als geeigneten Ersatzmann, wenn vorläufig auch nur für die Dauer des Krieges hinzuweisen. [...]

Ich würde es begrüssen, wenn dieser Hinweis dazu beitragen könnte, [den Bürgermeister] für die Wehrmacht freizustellen, da dies von allen ehemaligen Frontkämpfern gewünscht wird, und zwar nicht nur im allgemeinen Dorfinteresse, sondern vor allem auch dem des [Bürgermeisters] selbst."[67]

Erst am 21.1.1944 kam es in Waren zur Verhandlung über die Beleidigungsklage vom Dezember 1941. Im Ergebnis wurde Otto Remer zu einer Gefängnisstrafe von sechs Monaten verurteilt. Remers in der Hauptverhandlung vorgebrachte Meinung, bei den Beleidigungsvorwürfen handele es sich doch um ‚Lappalien' und es sei überhaupt kein Schaden angerichtet worden, führten dazu, dass das Gericht sie als Zeichen fehlender Einsicht strafverschärfend wertete und nur in einer „empfindliche[n] Freiheitsstrafe einen ausreichenden abschreckenden Erfolg" sah.[68] Am 8.2.1944 wurde das Verfahren mit dem genannten Urteil beendet.

Seine Strafe von sechs Monaten sollte er ab 3.4.1944 in der Strafanstalt Dreibergen-Bützow antreten.

Beruflich war Remer wie erwähnt in der Zwischenzeit von der Umsiedlungsstelle im Amt IV des RKF zur Deutschen Ansiedlungsgesellschaft gegangen, bei der er bis zu seiner Verurteilung tätig und von der er nun vorläufig bis zur Entscheidung über seine Berufung beurlaubt war.

Haft in Dreibergen-Bützow

Otto Remer saß nicht erst vom 3.4.1944 an im Gefängnis, sondern wurde sofort nach der Urteilsverkündung am 8.2.1944 in Untersuchungshaft genommen und noch am Tag der Urteilsverkündung in die Strafanstalten Dreibergen-Bützow eingeliefert.[69] In dem „Aufnahmeersuchen" des Oberstaatsanwaltes an den „Vorstand der Strafanstalten Dreibergen-Bützow" wird Remer unter dem Stichwort „Besondere Bemerkungen" als „Gestrauchelter" bezeichnet („Der Verurteilte ist als Gestrauchelter anzusehen.").

Aus dem Schriftverkehr geht hervor, dass Remer in Haft saß, ohne dass das Urteil des Amtsgerichts rechtskräftig war, da Remer Berufung gegen das Urteil eingelegt hatte und über diese noch nicht entschieden war. Erst ab dem 25.2.1944 wurde er als Untersuchungsgefangener geführt. Die eigentliche Strafe musste er dann vollständig bis zum 1.9.1944 absitzen; er saß insgesamt acht Monate ein.

Remers Briefe aus dem Gefängnis an seine Familie wurden teilweise nicht abgeschickt, weil sie angeblich gegen die Vorschriften verstießen. Angeführt wurde, dass Remer „unleserlich" schreibe.

Einige der Briefe sollten dazu dienen, seine Frau bei der Bewirtschaftung des Hofes zu unterstützen. Margarete Remer schrieb zum Beispiel am 18.2.1944 an die Direktion der Strafanstalt und bat, dass ihr Mann den „Düngeplan fertig schreiben und senden" dürfe. Sie bat in einem anderen Schreiben vom Februar 1944 auch, ihren Mann besuchen zu dürfen, erhielt dazu aber von der Gefängnisdirektion ein ablehnendes Schreiben mit dem Hinweis, dass „Gefängnisgefangene bestimmungsgemäss erstmalig nach 3 Monaten vom Zeitpunkt der Einlieferung in die hiesigen Anstalten an gerechnet und dann alle 2 Monate Besuch empfangen dürfen. Ihr Ehemann ist erst am 8. d. Mts. hier eingeliefert. Da ein Strafvollstreckungsersuchen hier bisher nicht eingegangen ist und nicht einmal feststeht, welche Strafe Ihr Ehemann zu verbüssen hat, kann zur Zeit von den Bestimmungen nicht abgewichen werden. Es wird Ihnen anheimgestellt, sich zunächst schriftlich mit Ihrem Ehemann wegen der Frühjahrsbestellung in Verbindung zu setzen. Über einen Verteidiger ist hier nichts bekannt."

Am 21.6.1944 schrieb Margarete Remer dem Landrat und bat ihn um Unterstützung ihres Gesuches an den Generalstaatsanwalt in Schwerin um vorzeitige Entlassung ihres Mannes. Sie hatte noch keine Nachricht aus Schwerin erhalten. Frau Remer hielt ihren Mann für unschuldig: „Und die grauen Gedanken, die ein unschuldig verhafteter älterer Mensch spinnt, müssen alles zerreißen, was vorher gut war."[70]

Der Landrat ließ den Ortsbauernführer in Peckatel dazu Stellung beziehen, der ihm am 2.7.1944 schrieb, dass der Hof von einem guten Wirtschafter bewirtschaftet werde, „seit einiger Zeit auch die Arbeitskräfte wieder vollzählig der Bedarf gedeckt" sei und er es nicht mehr für nötig halte, Remer vorzeitig zu entlassen.[71]

Der Landrat antwortete Frau Remer erst am 20. Juli 1944, also fast einen Monat später, dass keine Veranlassung vorliege, „eine vorzeitige Haftentlassung Ihres Ehemannes zu befürworten, zumal bereits etwa 5 Monate der Gefängnisstrafe von 6 Monaten verbüßt sind."[72]

Zwei Briefe von Frau Remer an die Strafanstalt zeigen eindringlich, dass Otto Remer sich höchst ungerecht behandelt, aber auch, dass er sich im Kampf um sein Recht von seiner Frau nicht genügend unterstützt fühlte. Dieser oblag, wie die Briefe auch zeigen, allein die Bewirtschaftung des Hofes, weil nun auch der zweite Sohn im Kriegsdienst stand (ihr erster Sohn war 1941 gefallen). Ihre Briefe sind zugleich Zeugnis davon, dass sie in Peckatel vergeblich auf Unterstützung hoffen konnte.[73]

„Mir ist ohne meinen Antrag wieder eine Erlaubnisbescheinigung vom Oberstaatsanwalt zugegangen, meinen Mann, Dr. Otto Remer, zu besuchen. Nun bekam ich aber am 31.3. einen Brief von meinem Mann, den er schon am 19. geschrieben hatte, in dem er sich meine Besuche verbittet. Er macht mir heftigste Vorwürfe, daß ich seine Haftentlassung nicht gut betrieben habe und spricht von Ehescheidung, weil ich ihn bat, auch an seine Familie zu denken. Der Rechtsanwalt, den ich in seinem Auftrag bestellt hatte, sagt ihm nicht zu, der hatte zunächst seine Hauptaufgabe darin erblickt, meinen Mann aus der Haft zu befreien und den schnellsten Weg vorgeschlagen. Aber mein Mann hat sich nun so in seine bitteren, dunklen Gedanken verrannt, und ist dazu auch noch körperlich krank geworden, daß ich in größter Sorge bin. Ich bitte nun sehr, daß der Arzt ihn untersucht und evtl. besser unterbringt. Und dann bitte ich sehr, ihm zu sagen, daß ich nicht an Ehescheidung denke, daß mein Sohn, der gerade 2 Tage auf Urlaub hier war, als sein Brief kam, derselben Ansicht ist. Wir haben von uns aus alles getan, wozu wir in der Lage waren, ihn aus der Haft los zu bekommen, diese zu erleichtern u. sein Besitztum hier treu und zuverlässig zu verwalten und denken stündlich voll Liebe an ihn. Auch alle Aufträge aus seinem letzten Brief werden erfüllt. Wir sind es gewöhnt, daß mein Mann über alles bestimmt und haben auch selbstverständlich angenommen, daß er seine Sache dort richtig vertritt und in die richtigen Wege geleitet hätte. Leider ist es doch wohl nicht so, denn die Zurücknahme der Berufung hätte dort vor Zeugen gemacht werden müssen. Ich habe auf meine Anfrage in Waren noch keine Antwort, wann meines Mannes Brief dort eingegangen ist. Er ist nun noch wohl immer Untersuchungsgefangener u. wird als Strafgefangener behandelt.

Ich bitte um gefl. baldige Antwort ob mein Mann meinen Besuch annehmen will. Mein letzter Wirtschaftsbericht an ihn wurde mir zurückgeschickt. Ich hatte doch [seinerzeit] die Erlaubnis, ihm wöchentlich zu berichten und auch Anweisungen zu erhalten. Ich bitte auch darüber um Bescheid."

In einem weiteren Brief beklagt Margarete Remer nicht nur eine gewisse Sturheit ihres Mannes, sondern auch die Verhältnisse in Peckatel: „Mit dem unverständlich sturen Bestehen auf sein Recht, das ihm während der Kriegsdauer garnichts nützt, hat mein Mann unsere Existenz aufs Spiel gesetzt, und ich lehne jede Verantwortung ab. Das Gericht hätte nur einen Beweis von seiner Sinnesänderung, von der ich lange überzeugt bin, erhalten dürfen, würde noch alles gut. Aber die noch unnötig verlängerte Haft bis zum September wird zu lang. Schröder schafft kaum die Bestellung und die Ernte mit zwei Arbeitskräften zu bewältigen ist ausgeschlossen. Mein Sohn ist ebenso unerreichbar wie mein Mann und ist fraglich ob er Ernteurlaub bekommt und was nützen auch 3 Wochen. Ich gebe mir nun noch weiterhin alle Mühe Leute zu bekommen, aber ich bin natürlicherweise machtlos gegen das Intrigieren von meines Mannes Feinden. Mir selbst gegenüber stellt sich alles freundlich, aber, daß nichts zu einem Ergebnis führt, zeigt doch, daß andere Mächte im Spiel sind [...] Wenn es zulässig ist, bitte ich meinem Mann noch zu sagen, daß seine Schwester Erna am 28.4. verstorben ist."

Remer lehnte persönliche Besuche seiner Frau, die ihr erlaubt wurden, ab. Seine Urlaubsgesuche zwecks kurzzeitiger Führung des Hofes wurden abgelehnt, die Einreichung weiterer vom Oberstaatsanwalt als „zwecklos" beurteilt. Ein Gnadengesuch Remers vom 9.7.1944 lehnte der Oberstaatsanwalt ebenfalls ab.

Nach seiner Entlassung schrieb Remer am 1.12.1944 an die Strafanstalt Dreibergen-Bützow: „Während meines dortigen Aufenthaltes habe ich mir ein Leiden zugezogen, das trotz ärztlicher Behandlung bisher nicht behoben werden konnte. Ich muss mir daher Schadenersatzansprüche vorbehalten. Soweit die mir bei der Entlassung abverlangten Erklärungen der Geltendmachung dieser Ansprüche entgegenstehen, fechte ich sie hiermit wegen Irrtums oder aus sonst vorliegendem Grunde an.“[74]

Als der Faschismus auch in Peckatel endete, lagen fast elf Jahre hinter Otto Remer, die in vielerlei Hinsicht unglücklich für ihn verlaufen waren. „Glücklich“ im beruflichen Sinne war er wohl nur in Schwerin und Berlin.

Otto Remers Schicksal nach dem Zweiten Weltkrieg

Otto Remer wird Bürgermeister!

Das Ende des Faschismus bedeutete auch für Otto Remer zunächst einen neuen Anfang, der eine bessere Zukunft verhieß und seine Stellung im Dorf zunächst spürbar aufwertete. Remer galt „der neuen Macht“ als jemand, der während der NS-Zeit als politisch unzuverlässig gegolten hatte und verfolgt worden war. Er wurde Vorsitzender des neu zusammengestellten Gemeinderates und damit Bürgermeister der Gemeinde; bis 1946 hatte er dieses Amt inne und von September 1946 bis Januar 1947 war er stellvertretender Bürgermeister. Bis Juni 1947 leitete er die Gemeindevertreterversammlungen.[75] Politisch hatte er sich neu aufgestellt. Er schloss sich nach Ende des Krieges der SPD an und wurde dann mit der Vereinigung von KPD und SPD in die SED übernommen.

Neue Amtsträger in den Gemeinden waren angesichts der Wirren, die die Nachkriegszeit mit sich brachte, grundsätzlich nicht zu beneiden: Unterbringung der zahlreichen Flüchtlinge und Umsiedler, Diebstähle, Schwarzhandel, Schiebereien bei der Verteilung knapper Ressourcen, kriegsbedingte moralische Verwahrlosung, zeitweise ein Rechtsvakuum – das waren brisante Probleme in jener Zeit, die allesamt auch in Peckatel auftraten.

Ein politisches „Großreinemachen“ war in Peckatel ausgeblieben. Die Entnazifizierung wurde rasch durchgeführt und abgeschlossen. Der ehemalige Ortsgruppenleiter der NSDAP hatte sich in die westlichen Besatzungszonen abgesetzt. Die verbliebenen NSDAP-Mitglieder unter den Siedlern blieben unbehelligt. Für Remer dürfte dies bedeutet haben, dass er weiter in einem sozialen Umfeld leben und arbeiten musste, das ihm in großen Teilen unfreundlich bis feindlich gesonnen war. Jahre später sollte Remer darauf noch einmal mit bitteren Worten zu sprechen kommen.

Otto Remer ca. Anfang der 1950er Jahre. Foto: StUA/Barch BV Nbg AOP 40-57.

Wie aus den Protokollen der Gemeindevertreterversammlungen in Peckatel hervorgeht, scheute Remer sich nicht davor, die oben genannten Missstände öffentlich anzuprangern.[76]

Ihm wurde allerdings vereinzelt auch selbst unterstellt, sich ungerechtfertigte Vorteile zu verschaffen. So wurde ihm vorgeworfen, er habe Pferde gekauft, aber nicht bezahlt. Remer wehrte sich „mit scharfen Worten.“[77]

Es gibt aus seiner Zeit als Bürgermeister manches Beispiel dafür, dass er sich um soziale Belange aktiv kümmerte, etwa wenn er Flüchtlingen bei der (schwer zu bewerkstelligenden) Unterbringung half oder sich darum bemühte, allen Bauern zu einer Haftpflichtversicherung zu verhelfen. Er versuchte auch, die Arbeit der Gemeindevertretung transparenter und nachvollziehbarer zu machen, etwa, indem er sich für das obligatorische Schreiben von Protokollen über Sitzungen einsetzte.

Politisch machte sich Remer bald (wieder) unbeliebt.

Bereits 1946 gab es Bestrebungen, in Peckatel eine Genossenschaft zu gründen. Remer wandte sich energisch gegen solche Pläne. In einer Sitzung der Gemeindevertretung im Dezember 1946 forderte er die Anwesenden auf, sich die Frage vor Augen zu halten, „ob hier eine Genossenschaft nötig ist oder nicht. Bei Errichtung derselben muß ein Rechner eingesetzt werden und dabei läuft man Gefahr, eine ortsfremde Instanz in das Dorf zu bringen, die sich unerwünscht in das Selbstbestimmungsrecht der Gemeinde einmischen wird. Ausserdem sind in Hinblick auf die Vergangenheit schlechte Erfahrungen mit den Rechnungsbeamten gemacht worden. Die Genossenschaften verfolgen eine autoritäre Tendenz, die autoritär in die Gemeindeangelegenheiten hineinreden wollen und es gibt auch gewisse Parteien, welche dieser Tendenz der Genossenschaften Vorschub leisten. Es ist nicht notwendig sich die Hände binden zu lassen und gar kein Grund vorhanden eine Genossenschaft schon heute zu errichten.“[78] Da die Siedler ihre Stellen erst 1934 übernommen hatten, verwunderte es nicht, dass Remers Standpunkt von den Anwesenden, unter denen laut Protokoll überwiegend diese Siedler waren, die nach der Bodenreform 1945 als „Altbauern“ bezeichnet wurden, geteilt wurde.

Im Mai 1947 scheitert Remer mit seinem Antrag, die vakante Stelle des ehemaligen NSDAP-Ortsgruppenleiters hinzu zu pachten. Er unterlag einem Mitbewerber.[79]

Die Gemeindevertreterversammlung vom 1.6.1947 ist dann die letzte, in der Remer als Mitglied genannt wird. Beim Studium erhalten gebliebener Dokumente zeigt sich, dass Remer Mitte 1947 angezeigt, in Folge der Anzeige eines „Verbrechens gegen die Menschlichkeit“ angeklagt, in Untersuchungshaft genommen, freigesprochen, danach weiter Stück für Stück demontiert und am Ende vollends „abserviert“ wurde.

Dieser Prozess begann mit der erwähnten Anzeige.

Konstruierte Anklage wegen „Verbrechens gegen die Menschlichkeit“

Am 19.6.1947 schickt ein Einwohner aus Peckatel, ein ehemaliger Lehrer, einen Brief an den Oberstaatsanwalt in Schwerin mit dem schwer wiegenden Vorwurf, Remer habe während der Kriegszeit die Kriegsgefangene „Gertrud aus Posen“ geschlagen. Er benennt eine Zeugin, die weiter aussagen werde, „daß auch der Pole Joseph an demselben Tage stark blutend bei ihr gewesen ist und verbunden wurde.“ Die Ausstellung von Krankenscheinen durch den Bürgermeister habe Remer („oder dessen Frau“) durch Intervention bei der Zeugin verhindert. Der Briefschreiber behauptete auch, dass Remer die sowjetische Kriegsgefangenschaft des bis Mai 1945 amtierenden Bürgermeisters veranlasst habe.

Ein weiterer Zeuge, hier nennt er einen Nachbarn Remers, werde aussagen, „daß Remer direkt lange Zeit unter Himmler persönlich in Berlin bei der Ostsiedlung arbeitete“. Der Schreiber erwähnte, dass er früher schon in Penzlin Anzeige gegen Remer gemacht hätte, die aber unterschlagen worden sei. Seine Anzeigen stellten „keine Denunziation dar, sondern ergeben sich aus der Sachlage und andern Gründen. Wenn andere Menschen, die nichts verbrochen haben, sondern sich gegen das Regime gewehrt, nur weil sie Zwangs Pgs. [der NSDAP] waren,[80] bestraft wurden, so erscheint es billig und gerecht, daß es auch die Leute trifft, die Polen blutig schlagen und ‚Himmlerknechte' waren."[81] „Fremdarbeiter" hätten Remer beim Einmarsch der Roten Armee richten wollen.

Der Oberstaatsanwalt in Schwerin forderte daraufhin am 30.6.1947 den Leiter der Kreispolizei in Waren auf, den Beschuldigten, den Anzeigenden sowie alle genannten Zeugen zu vernehmen. Wegen der Schwere der Anschuldigungen seien die Ermittlungen „genauestens und unter Ausnutzung aller Möglichkeiten zur Wahrheitsfindung durchzuführen."

Die Vernehmung des Schreibers, der Remer belastete, fand am 27.8.1947 im ehemaligen Gutshaus von Peckatel statt. Dabei wiederholte er seine schriftlichen Aussagen.

Remer wurde am 28.8.1947 in der Kreispolizeidienststelle Waren vernommen. Nach Aussagen zu seiner Person, u.a. „Konfession: glaubenslos. Mitglied der NSDAP oder deren Gliederungen war ich nicht", stritt Remer den Vorwurf ab. Es habe bei einem Essen in der Küche mit „Josef" eine Auseinandersetzung über das Essen bei Remers gegeben, Remer habe sich angegriffen gefühlt und ihn aus der Küche gedrängt, wobei „Josef" sich möglicherweise den Kopf gestoßen habe. Mit „Gertrud" habe er des Öfteren Auseinandersetzungen über die Arbeit gehabt, er habe sie aber nicht geschlagen. Die Angaben, dass „Fremdarbeiter" ihn beim Einmarsch der Roten Armee hätten richten wollen, seien frei erfunden, das Gegenteil sei der Fall, russische ehemalige Kriegsgefangene hätten ihn in einem Fall geschützt.

Der als weiterer Zeuge benannte Nachbar gab in seiner Wohnung in Peckatel am 28.8.1947 u. a. zu Protokoll, dass Remer zu den bei ihm beschäftigten Kriegsgefangenen

„sehr hart und brutal" gewesen sei. Er habe sich „bestimmt im aktiv-faschistischen Sinne betätigt" – mit Hinweis auf seine Tätigkeit beim RKF. Er habe die Polin blutig geschlagen 1943. Er sei im Jahre 1943 Hilfswachmann gewesen, und die Gefangenen hätten sich bei ihm öfter über die schlechte Verpflegung beschwert, die sie bei Remer erhalten hätten. Die jetzt verstorbene Frau des Lehrers [..] habe Remer gewissermaßen das Leben gerettet, der nach Beschwerden der frei gekommenen Kriegsgefangenen von der Roten Armee erschossen werden sollte. Die Lehrersfrau habe sich dazwischen geworfen und bei den Russen für Remer gebeten. „Sie tat dies wohl aus falschem Mitleid und weil auch Kinder zugegen waren. Später hat sie dieses Dazwischentreten oft bitter bereut."[82]

Die benannte Zeugin wurde am 28.8.1947 in ihrer Wohnung vernommen und gab zu Protokoll, dass zwar die beiden Kriegsgefangenen bei ihr gewesen seien, sie aber nicht wüsste, was sie gehabt hätten. „Ich kann mich nicht darauf besinnen, ob Herr oder Frau Rehmer[83] bei uns waren und uns verboten, den beiden Fremdarbeitern einen Krankenschein auszustellen, weil wir sonst mit dem Ortsgruppenleiter zu tun bekämen. Ich muß sagen, daß ich vor Rehmer grosse Angst habe, da derselbe uns schon in den Kriegsjahren schikaniert hat und auch später uns nicht in Ruhe ließ. Rehmer hat geäussert, dass wir eine Familie seien, die ausgemerzt werden müsste." Die Kripo musste allerdings vermerken, dass die Zeugin ein entsprechendes Protokoll nicht unterzeichnen wollte „mit der Begründung, dass sie vor dem Rehmer zu grosse Angst hätte und befürchtet, er würde sie an den Galgen bringen."

Auch ein dritter Zeuge wurde am 29.8.1947 befragt, der alle Beschuldigungen gegen Remer bestätigte und diesen ebenfalls in ein schlechtes Licht rückte.[84] Die Strafanzeige gegen Remer erfolgte daraufhin am 29.8.1947. Der Anzeige wurde ein Bericht des Kriminalamtes Rostock über den

Stand der Ermittlungen beigefügt. Daraus geht hervor, dass bei Remer eine Hausdurchsuchung stattgefunden hatte. Remer wird im denkbar schlechtesten Licht dargestellt. Er habe in Peckatel eine „Schreckensherrschaft" geführt mit der Folge, dass „ein grosser Teil der Einwohner Peckatels noch jetzt grosse Angst vor Rehmer hat". Er habe nicht nur die polnischen Fremdarbeiter „durchweg sehr schlecht behandelt und diese sogar geschlagen", sondern behandele auch die jetzt bei ihm beschäftigten Arbeiter so. Weitere nicht zur Sache gehörenden Vorwüfe kommen hinzu. Er verpflege seine jetzigen Arbeiter schlecht, lebe aber selbst „in Saus und Braus. Dass letzteres zutrifft, dürfte sein wohlgenährtes Aussehen bestätigen." Bei der Hausdurchsuchung sei „ein grosser Teil faschistischer Literatur, Bilder von Hitler u. a. Unterlagen gefunden, aus welchen zu sehen ist, dass Dr. R. in den Jahren des Hitlerregimes sogar mit dem Propagandaminister Dr. Goebbels korrespondiert hat. Alles vorgefundene Material deutet darauf hin, dass Dr. R. ein Politiker ist, der eine Politik betreibt, die entschieden gegen den Aufbau eines neuen demokratischen antifaschistischen Deutschlands ist und vor allen Dingen gegen den Sowjet-Staat und die Besatzungsmacht gerichtet ist. Diese Tatsache kann dadurch bewiesen werden, dass Dr. R. Aufzeichnungen, welche er ‚Grundsätzliches zur Tagespolitik' nannte, machte."

Diese knappen, eine halbe Seite füllenden Aufzeichnungen, in denen er sich sowjet- und russenfeindlich äußerte und sich als Gegner der Vereinigung von SPD und KPD zeigte, wurden ihm auch später noch einmal zur Last gelegt. Es wird in der Strafanzeige auch auf Remers Tätigkeit im RKF verwiesen. Es sei festgestellt worden, dass R. „sich in den Kriegsjahren um den Posten eines Gutsverwalters in den besetzten Ostgebieten beworben hat. Dr. R. glaubte wahrscheinlich, in diesen Gebieten seine herrschsüchtigen und tyrannischen Maßnahmen erst richtig entwickeln zu können. Es wurde weiterhin bewiesen, dass R. in den Kriegsjahren im Ministerium Ost Abtl. für Besiedelung und Aufteilung der besetzten Gebiete tätig war. Dieses Ministerium unterstand Himmler persönlich."[85] Nichts davon wurde belegt. Angefügt wurde der Hinweis, dass die Ermittlungen noch nicht abgeschlossen seien. Es werde ersucht, gegen R. einen Haftbefehl zu erlassen. Dieser Haftbefehl erging am selben Tag mit der Begründung, Remer habe sich des „Verbrechen gegen das Kontrollratsgesetz Nr. 10" (Verbrechen gegen die Menschlichkeit) schuldig gemacht.

Erneut in Haft

Remer war bereits am 28.8.1947 in Untersuchungshaft genommen worden und wurde im Gerichtsgefängnis in Waren festgehalten.[86] Er gab dem Amtsgericht am 29.8.1947 zu Protokoll, dass er nicht mehr wisse, von wem er gehört habe, dass „Josef" sich einen Krankenschein beim damaligen Bürgermeister abholen wollte und unterstrich „entschieden", dass er seine Fremdarbeiter nicht geschlagen habe. „Ich bin der Überzeugung, dass es sich bei der Anzeige, die man mir vorwirft, Verbrechen gegen die Menschlichkeit, um einen Racheakt handelt."[87]

Weitere Zeugenvernehmungen sollten den Vorwurf erhärten, bei Remers seien Fremdarbeiter geschlagen worden.[88]

Remer erteilte am 2.9.1947 in seiner Strafsache einem Rechtsanwalt aus Waren die Vertretungsvollmacht.[89] Am 4. September legte dieser in Remers Namen Beschwerde gegen die Verhaftung ein. Er bestritt nochmals die Anschuldigungen und führte aus, Remer habe, nachdem er auf Empfehlung des nach Kriegsende eingesetzten neuen

Landrates das Amt des Bürgermeisters übernommen habe, für Ruhe und Sicherheit in Peckatel gesorgt sowie für eine geordnete Versorgung im Dorf. Als Zeugen benannte er zwei Ehepaare. Der Rechtsanwalt wies auch auf die beiden Gefängnisstrafen für Remer während der NS-Zeit hin, die auf eine antifaschistische Einstellung hindeuteten.[90] Diese Haftbeschwerde wurde auf Beschluss des Landgerichts am 20.9.1947 abgelehnt.[91]

Remers Rechtsanwalt schrieb am 29.9.1947 wieder an die Staatsanwaltschaft beim Landgericht Güstrow mit Aussagen Remers zur Sache. Remer erklärte zu sämtlichen Zeugen, dass er mit diesen „seit längerer Zeit verfeindet" sei und die Zeugen daher „jeglicher Objektivität entbehren" würden. Auch habe keiner der Zeugen „unmittelbar gesehen", dass er die beiden Fremdarbeiter geschlagen habe. „Die weibliche Arbeiterin Gertrud ist im übrigen keine Polin. Wegen Zwistigkeiten zwischen dem Beschuldigten und Fräulein Gertrud kann demnach das Kontrollratsgesetz keine Anwendung finden."

Remer nannte 15 Entlastungszeugen, die daraufhin befragt werden sollten, ob sie die Belastungszeugen für glaubwürdig hielten. Als seine Entlastungszeugen nannte er seine Ehefrau, mehrere Bauern und Bäuerinnen und weitere Einwohner und Einwohnerinnen sowie die Gemeindesekretärin aus Peckatel, einen Schmiedemeister D. aus Neustrelitz, einen Dr. K. aus Berlin-Dahlem, einen Kaufmann H. aus Waren und ein Fräulein K., das bei ihm ein landwirtschaftliches Praktikum gemacht hatte.[92] Remer wandte sich am 29.9.1947 auch selbst an das Landgericht Güstrow mit der Bitte um Entlassung aus der Haft. Er gab als Gründe an, dass die Verhaftung nach Kontrollratsgesetz Nr. 10 Art III 1 a eine „Kann"-Bestimmung sei. Verdunklungsgefahr liege nicht vor, da die Zeugen bereits vernommen worden seien, Fluchtgefahr liege auch nicht vor, weil er von seinem Hof existenziell abhängig sei und Flucht das Eingeständnis seiner Schuld bedeute, wozu kein Anlass bestehe. Er führte auch sein Alter ins Feld. „Nachdem ich nunmehr über einen Monat in Haft bin, bitte ich zu prüfen, ob diese Maßnahme nicht rigoroser ist, als selbst der Kontrollrat als Gesetzgeber es beabsichtigt hat." Er wies zudem darauf hin, dass er von 1945 an sein Ablieferungssoll immer erfüllt habe und er nun auf dem Hof gebraucht werde.

In der Sache selbst beteuerte er nochmals seine Unschuld. Zudem seien drei von vier Belastungszeugen unter 600 Dorfbewohnern seine „einzigen erklärten Feinde" und deren Glaubwürdigkeit sei nicht gegeben. Der eine sei ein arbeitsscheuer und schlecht beleumundeter Mensch, der andere geistig nicht normal und der dritte ein Stänkerer und Querulant. Die Belastungszeugin nimmt er davon aus und führt ins Feld, dass er lediglich mit ihrem Mann Probleme hatte.

Zu den Dorfintrigen komme hinzu, dass er Anfang Juli 1947 aus der SED ausgetreten sei, weil er die Mitgliedschaft aufgrund seiner Erfahrungen nicht mehr mit seinem Gewissen hätte vereinbaren können. Er habe aber weiterhin kameradschaftliches Verhalten zur SED zugesichert und diese auch von der SED erbeten. Das Gegenteil sei jedoch eingetreten. Es sei gegen ihn gehetzt worden. Als Beweis dafür führte er eine Versammlung des 1. Vorsitzenden der SED-Kreisgruppe Waren in Peckatel an, die den denunziatorischen Titel „Dorfdemokratie oder Diktatur des Dr. Remer" trug und Material gegen ihn sammeln sollte. Er wertete das Ganze als planmäßiges Kesseltreiben gegen ihn. Er stellte auch die Objektivität der Kriminalpolizei in Frage, da diese SED-durchsetzt und verlängerter Arm der SED sei. „Das bisherige Ergebnis für mich ist jedenfalls, daß ich nicht nur wie in der Nazizeit, sondern auch jetzt wieder nach meinem Gefühl recht- und schutzlos bin und im Gefängnis sitze, nur aus dem Grunde, weil ich politisch wahrhaft demokratisch eingestellt und geistig unabhängig bin, eine Haltung, die damals verpönt und auch heute trotz allem gegenteiligen Gerede als gefährlich angesehen und behandelt zu werden scheint. Alles andere ist Nebensache und dient nur dazu, die Hauptsache zu verschleiern."[93] Dessen ungeachtet erhob der Oberstaatsanwalt beim Landgericht Güstrow am 13.10.1947 „Anklage gegen den Landwirt Dr. Otto Remer aus Peckatel bei Penzlin, geb. am 11.8.86 in Levin Kreis Malchin, kinderlos verheiratet, früher parteilos, vorübergehend SED, jetzt wieder parteilos, angeblich nicht vorbestraft, in Untersuchungshaft seit dem 28.8.1947."

Der Anklagevertretung lagen nach einer Hausdurchsuchung bei Remer alle Vorgänge aus der Zeit bis 1945 vor, darunter alle Briefe Remers an NSDAP-Größen, die dann in dem Verfahren wegen Verbrechens gegen die Menschlichkeit als Beweis für seine ihm unterstellte Nazi-Gesinnung dienten, sodass sie Remer nun wie folgt anklagte:

„Ich klage den Beschuldigten an, in Peckatel im Jahre 1943 dadurch ein Verbrechen gegen die Menschlichkeit begangen zu haben, dass er die bei ihm beschäftigten polnischen Arbeiter Gertrud und Josef blutig schlug.

Verbrechen strafbar nach Art. II Ziff. C des Kontrollratsgesetzes Nr. 10. Beweismittel: Eigene Angaben. Zeugen: Lehrer i. R. [..] in Peckatel, Altbauer [..] in Peckatel, Frau [..] in Peckatel, Siedler [..] in Peckatel. Ermittlungsergebnis: Der Beschuldigte ist Altbauer in Peckatel und hat in seiner Landwirtschaft während des Krieges auch ausländische Arbeitskräfte beschäftigt. Diese haben sich oft bei den damaligen Wachleuten, insbesondere dem Zeugen [..] über die Behandlung durch den Beschuldigten beklagt. Im

Jahre 1943 hat der Beschuldigte eine bei ihm beschäftigte damals 31jährige Polin namens Gertrud und einen Josef je einmal so geschlagen, dass sie stark blutende Wunden am Kopf davon trugen. Die Wunden der Gertrud sind durch den Zeugen [..] verbunden worden. Die beiden misshandelten Ausländer wollten am nächsten Tag einen Krankenschein haben, aber der Beschuldigte hat durch Rücksprache bei dem damaligen Bürgermeister [..] die Ausstellung des Krankenscheines hintertrieben. Nach dem Einmarsch der Roten Armee wollten die ausländischen Arbeiter den Beschuldigten selbst richten bezw. durch die Rote Armee richten lassen. Nur durch das Dazwischentreten der inzwischen verstorbenen Frau des Zeugen [..] ist der Beschuldigte damals mit dem Leben davon gekommen. Der Beschuldigte war nicht Mitglied der NSDAP. Seine ganze politische und weltanschauliche Einrichtung war aber gerade den Weltmachtansprüchen der NSDAP günstig. Die bei dem Beschuldigten beschlagnahmte Korrespondenz mit Parteidienststellen der NSDAP, wie der Kanzlei Hitlers und dem Propagandaminister, zeigen dies deutlich. Die Aufbewahrung eines Hitlerbildes in heutiger Zeit beleuchtet den Beschuldigten ebenfalls. Auch nach dem Einmarsch der Roten Armee hat der Beschuldigte sein herrisches Wesen und seine brutale Form seinen Mitmenschen gegenüber fortgesetzt. Er hat sich seinerzeit aus rein egoistischen Momenten selbst zum Bürgermeister in seiner Gemeinde gemacht. Die Zeugin [..] hatte noch im Vorverfahren selbst Bedenken, ein kriminalpolizeiliches Protokoll ‚aus Angst' vor dem Beschuldigten zu unterschreiben.

Ich beantrage, gegen den Beschuldigten vor der Strafkammer des Landgerichtes Güstrow das Hauptverfahren zu eröffnen, einen Termin zur Hauptverhandlung zu bestimmen und die Fortdauer der Untersuchungshaft gegen den Beschuldigten anzuordnen."[94]

Remer wandte sich nun am 15.10.1947 selbst an das Landgericht, nachdem seinem Rechtsanwalt die weitere Berufsausübung untersagt worden war, und gab weitere Gründe an, warum die Vorwürfe gegen ihn nicht berechtigt und die Belastungszeugen nicht glaubhaft seien. Das Essen für die Kriegsgefangenen sei bei ihm immer so gewesen wie für seine Familie, zumal die Gefangenen bei ihm mit am Tisch gegessen hätten, was bekanntlich verboten gewesen sei.

Am gehässigsten und boshaftesten sei die Behauptung, er sei während des Krieges aufgrund seiner guten Beziehungen zur Nazipartei nach Berlin in eine Tätigkeit gekommen. Er könne das Gegenteil beweisen. „Wegen der dauernden Schwierigkeiten, die die führenden Pgs. in Peckatel mir machten, habe ich jahrelang vergeblich versucht, wieder in eine andere Tätigkeit zu kommen. Erst im Jahre 1942 ist es mir über das Arbeitsamt Berlin gelungen, die Partei hat mir dabei nicht nur nicht geholfen, sondern es sogar zu verhindern gesucht. Beweise können erbracht werden [siehe Vorgang politische Überprüfung 1942].

Es wird jetzt aber nicht nur vom Belastungszeugen [..], sondern auf dessen Veranlassung auch von der Kripo Waren versucht, aus mir einen Nazifreund oder gar Aktivisten zu machen. [...] Ich bitte das Gericht nochmals, mich nunmehr aus der Haft zu entlassen. Das Verfahren mag dessen ungeachtet ruhig durchgeführt werden. Die Bestimmungen des Kontrollratsgesetzes stehen der Haftentlassung nicht im Wege. Es ist nicht zu erkennen, warum das Gericht kontrollrätlicher als der Kontrollrat sein will. Sicherem Vernehmen nach hat auch der Herr Oberstaatsanwalt erklärt, er würde mich aus der Haft entlassen, wenn die Sache seiner Entscheidung unterlegen hätte. Auch der Herr Generalstaatsanwalt, dem ich die Sache bei seiner Anwesenheit am Montag, den 15. September hier im

Gerichtsgefängnis kurz vortrug, hat mir erwidert, ich solle Haftbeschwerde einreichen.“[95]

Wenige Tage später erhielt das Landgericht ein Schreiben von Fräulein K., der ehemaligen Praktikantin bei Remer, die mittlerweile in der britischen Besatzungszone wohnhaft war. Sie entlastete Remer in allen Punkten und stellt ihn als Menschen dar, der „während der ganzen ersten Zeit der Besatzung […] nicht nur Bürgermeister, sondern Vertrauensmann des ganzen Dorfes“ war. „Alle kamen zu ihm, wenn sie Hilfe und Rat brauchten.“[96] Als Entlastungszeuge trat auch Probst Michaelis aus Neustrelitz auf, der den fragwürdigen Charakter eines der Belastungszeugen bestätigte.[97] Der Oberstaatsanwalt ordnet am 21.10.1947 die Ladung aller vom Staatsanwalt und von Remer benannten Zeugen an.[98] Zwischenzeitlich sollte Remer auch noch wegen der Nichteinhaltung des Ablieferungssolls angeklagt werden. Remer erklärt dem Landgericht, dass er vom Untersuchungsgefängnis aus nicht die Verantwortung für die Einhaltung des Ablieferungssolls tragen könnte.[99] Er teilt dem Landgericht auch mit, dass er nun den Rechtsanwalt und Notar Dr. B. in Schwerin mit seiner Vertretung beauftragt habe.[100] Ein weiterer Entlastungszeuge, der Bücherrevisor und Helfer in Steuersachen Otto S./Waren, entlastet Remer vom Vorwurf, er habe sich nach Kriegsende selbstsüchtig und eigenmächtig als Bürgermeister Peckatels eingesetzt. Schulz habe Remer als Bürgermeister besucht. Ihm sei niemals bekannt geworden, „dass Remer aus irgendwelchen eigensüchtigen oder persönlichen Gründen Bürgermeister der Gemeinde geworden ist bezw. am Amt geklebt hat. Gewiß gab es damals Bürgermeister in Landgemeinden, bei denen die erwähnten Voraussetzungen zutrafen, aber bei Herrn Rehmer glaube ich das auch heute noch keineswegs.“[101]

Am 29.10.1947 fand die öffentliche Sitzung der Großen Strafkammer des Landgerichts Güstrow in der Strafsache gegen Remer statt und im Protokoll heißt es: „Bei Aufruf der Sache erschien niemand."[102] Das Verfahren zog sich nun weiter hin. Remer trägt Ende November 1947 aus der Untersuchungshaft seinen Fall dem Ministerpräsidenten von Mecklenburg, Wilhelm Höcker, vor und beschwerte sich insbesondere über die fortdauernde Verzögerung der Verhandlung vor dem Gericht.[103] Anfang Dezember 1947 schreibt der Vorsitzende der Großen Strafkammer des Landgerichts Schwerin an die Staatsanwaltschaft beim Landgericht Güstrow und weist darauf hin, dass „die Durchführung des Verfahrens gem. Kontrollratsgesetz Nr. 10 gegen Dr. Remer nicht möglich (ist), da deutsche Gerichte mit der Sache nur befasst werden dürften, wenn es sich um Menschlichkeitsverbrechen gegen Deutsche oder Staatenlose handelt, während hier Polen misshandelt sein sollen. Dr. Remer kann deshalb nur nach Kontrollratsdirektive Nr. 38 abgeurteilt werden. Dafür ist aber die Kleine Strafkammer zuständig."[104] Das Verfahren wurde nun von der Kleinen Strafkammer fortgeführt.

Auf Antrag der Staatsanwaltschaft wurde jedoch zunächst am 10.12.1947 die Fortdauer der Untersuchungshaft angeordnet. Mittlerweile saß Remer also wieder fast vier Monate im Gefängnis.[105]

Der Termin für die Verhandlung wurde auf den 16.12.1947 festgesetzt. Die Verhandlung fand im Amtsgericht Waren statt.[106] Mit gleichem Datum 16.12.1947 ist ein Schreiben aus dem Persönlichen Referat des Ministerpräsidenten an die Justizverwaltung datiert, in dem dieser bemängelt, dass in den Berichtsausführungen zum Verfahren als wichtige Unterlage fehlt, dass Remer sich darüber beschwert habe, dass die Strafkammer beim Landgericht Güstrow auf seine Haftbeschwerde „überhaupt nicht geantwortet“ habe. Er erwartet, dass zu dieser Frage noch Stellung genommen und über den Abschluss der Hauptverhandlung bis zum 30.1.1948 berichtet wird. Das Schreiben geht zwei Tage *nach* der Hauptverhandlung bei der Justizverwaltung ein.[107]

Zur Hauptverhandlung erschienen alle geladenen Zeugen bis auf einen. Die drei geladenen Entlastungszeugen waren von Beginn an anwesend, drei Belastungszeugen erschienen erst im Laufe der Verhandlung, ein Belastungszeuge entschuldigte sich per Telegramm mit dem Hinweis, er habe „keine Zeit“.

Zunächst wurden zum Gegenstand der Sache und zur Person Ausführungen gemacht. Dann sagte der Angeklagte zu seiner Person aus. Er sei wie folgt vorbestraft:

„Am 26.5.39 zu 2 Monaten Gefängnis wegen Beleidigung des Kreisleiters [der NSDAP] Dr. Hinkel. Am 31.1.44 6 Monate wegen Beleidigung des Bürgermeisters [..] in Peckatel. Ausserdem war ich 1937 3 Monate in Neustrelitz in Untersuchungshaft wegen Heimtücke.

Wegen der Differenzen mit dem Bürgermeister in Peckatel ging ich 1942 nach Berlin. Dort war ich beim Reichskommissar für die Festigung deutschen Volkstums. Von 1944 ab bin ich wieder in Peckatel. Von 1927 bis 1933 gehörte ich der Landvolkbewegung an. Nach 1945 war ich in der SPD, wurde später von der SED übernommen, und darin war ich bis Juli 1947. Ich habe fremdländische Arbeiter beschäftigt. Ein Pole namens Josef war vom 27.1.41 bis 22. Dezember 1942 bei mir. Ich bekam ihn durch Vermittlung des zuständigen Gendarmeriepostens aus dem Gefängnis Alt-Strelitz. Eine Gertrud war vom Januar 1941 bis 23.3.1944 bei mir. Gertrud war Deutsche, die für Polen optiert hatte[108], während Josef Pole war.“

BSTU 0067

3066/47

47

Kriminalamt Rostock
Name der Polizeiverwaltung
K.V.
Dienststelle Waren/Müritz
Genaue Bezeichnung der Dienststelle

Kreiskriminalpolizei Waren / Müritz
gesehen:
Eingang: 29. AUG. 1947
Tgb.-Nr. 1295/47
Eingangsstempel

Geschäftszeichen:

Anruf: 147

Strafanzeige

Tatort: Pekadel bei Penzlin Krs. W.

AG.-Bezirk:

Tatzeit: 1943

Strafbare Handlung: Verbrechen gegen die Menschlichkeit Kontrollrats-Gesetz 10

§§ RStGB.

Geschädigt:

Beschuldigt (Täter und Beteiligte):

a) Otto Remer,

geboren am 11. Aug. 1886

in Levin Krs. Malchin

Wohnung: in Pekadel bei Penzlin.

b) --

geb. am

in

Wohnung: ---

Gegenstand:

Wert (Höhe des Schadens):

Überführungsstücke:

gesehen: Name

Leiter der Kriminalpolizei.
(Kaeva.)

Anlagen.

Dienststelle Datum

Spurensuche

hat stattgefunden — ist nicht erforderlich —

Spuren sind nicht gefunden.

Spuren sind gesichert an den Erkennungsdienst der KP abgesandt.

Name und Amtsbezeichnung

, am 19

Die Kriminal-Dienststelle Waren/Müritz

am --

in -- , geboren

in Waren/Müritz, Mühlenberg 5 wohnhaft,

Fernruf 147 , zeigt an:

Dr. Otto Remer wird beschuldigt in dem Kriegsjahr 1943 zwei bei ihm beschäftigt gewesene polnische verschleppte Fremdarbeiter eine Frau und ein Mann blutig geschlagen zu haben. Der Beschuldigte ist in der Gemeinde Pekadel als brutaler Mensch bekannt und die Belastungszeugen sind jederzeit bereit für ihre Aussagen auch vor Gericht gerade zu stehen. Der Beschuldigte gibt selbst zu, Auseinandersetzungen mit seinen Fremdarbeitern gehabt zu haben, in deren Folge er sich auch zu Handgreiflichkeiten gegen den polnischen Fremdarbeiter Josef herabgelassen hat.

Kriminaloberassistent.
(Kehle.)

26 M 2 / A 272

Strafanzeige gegen Otto Remer wegen „Verbrechens gegen die Menschlichkeit“, 1947. Quelle: Stasi-Unterlagenarchiv im Bundesarchiv, Außenstelle Neubrandenburg, MfS, BV Neubrandenburg, Ast. 105/50, Band 1, Bl. 0067.

Remer streitet ab, geschlagen zu haben, führt aus, dass die fremdländischen Arbeiter gut versorgt gewesen seien, und stellt die Glaubwürdigkeit der Belastungszeugen dadurch in Frage, dass sie sich mit ihm schlecht verstünden. Bürgermeister sei er in Folge eines Schreibens des Landrates Waren geworden. Er legte das Schreiben vor. Ihm sei in einer Gemeindeversammlung einstimmig das Vertrauen ausgesprochen worden.

Der erste Entlastungszeuge bestätigt Remers Ausführungen im Wesentlichen und beschreibt das angespannte Verhältnis zwischen dem nicht erschienenen Belastungszeugen und Remer. Ein zweiter Entlastungszeuge bestätigt ebenfalls die Ausführungen Remers und sagt, ihm sei nicht bekannt, dass Remer die Polen geschlagen habe. Im Gegenteil: Ihm sei „bekannt, dass der Bürgermeister [..] und der Stützpunktleiter die Gertrud geschlagen haben. Es war wohl 1943."

Nachträglich erschienen drei der vier geladenen Belastungszeugen. Der eine, ein ehemaliger Lehrer, damals 52 Jahre alt, sagte zu seiner Person u. a. aus, dass er wegen organischen Gehirnleidens pensioniert sei. Er habe nur gehört, dass Remer Gertrud und Josef geschlagen habe. „Gesehen habe ich es nicht. Es wurde erzählt, dass die Ausländer Katzenfleisch bekommen hätten. Von weiteren schlechten Behandlungen ist mir nichts bekannt."

Der zweite Belastungszeuge führte aus, dass er mit Remer bis zu seiner Rückkehr aus der Kriegsgefangenschaft immer gut stand. Wer Gertrud geschlagen habe, habe er nicht gesehen. „Über den Polen Josef ist mir nichts bekannt. Ich habe nicht gesehen, dass die Polin blutig [zum Bürgermeister] hereingegangen ist. Die Unterbringung war gut." Die Belastungszeugin erklärte, dass ihr die Polen Josef und Gertrud bekannt waren. „Wie die Behandlung war, weiss ich nicht, denn ich bin nicht ins Haus von Remer gekommen. Ich weiss nicht, was darüber erzäht wird. Ich erinnere mich nicht, dass mein Mann mal Ausländer geschlagen hat."

Der Verteidiger überreichte noch das Schreiben von Remers ehemaliger Praktikantin K. zu den Akten. Nach diesen Aussagen der Zeugen beantragte die Staatsanwaltschaft sofort Freispruch. Der Haftbefehl vom 29. August 1947 wurde aufgehoben.[109]

Nach seiner Haftentlassung schrieb Remer noch einmal verbittert an den Ministerpräsidenten Höcker. Es findet sich in dem Schreiben ein Satz, der sich in den Folgejahren bewahrheiten sollte:

„Als Mann, der von den Nazis mancherlei zu erdulden hatte, bedauere ich, auch jetzt wieder Schwierigkeiten mit der regierenden Partei zu haben. Die in Frage stehende Gerichtssache war anscheinend nur ein Anfang der Schikanen gegen mich. Manches deutet darauf hin, daß diese weitergehen." Er beschwerte sich nachträglich auch noch einmal über die Kripo Waren. Diese habe belastende Aussagen zu Protokoll genommen, die die befragte Belastungszeugin gar nicht gemacht habe.[110]

Dr. Sieber aus dem Ministerbüro gab den Brief der Landeskriminalpolizei zur Kenntnis und stellte anheim, die Vorwürfe prüfen zu lassen. Die Kripo Waren wurde daraufhin zur Stellungnahme aufgefordert, die sie am 2.4.1948 abgab. Sie ging noch einmal zum Gegenangriff über, wiederholte in noch schärferem Ton alle Anschuldigungen gegen Remer, von denen er im Gerichtsverfahren freigesprochen worden war, und wertete den Freispruch gegen Remer wie folgt: „Es wirkt befremdend, dass der die Anklage vertretende Staatsanwalt der Kleinen Strafkammer Rostock bei der stattgefundenen Hauptverhandlung in Waren Freispruch für Dr. R. beantragt hat.

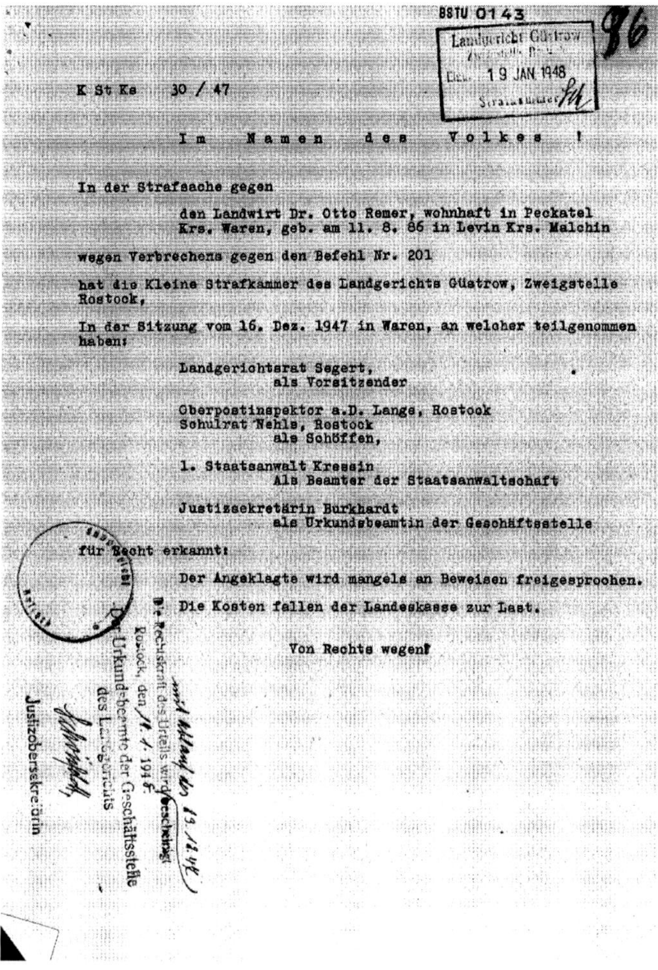

BSTU 0143

Landgericht Güstrow
19 JAN 1948

K St Ks 30 / 47

Im Namen des Volkes !

In der Strafsache gegen

den Landwirt Dr. Otto Remer, wohnhaft in Peckatel Krs. Waren, geb. am 11. 8. 86 in Levin Krs. Malchin

wegen Verbrechens gegen den Befehl Nr. 201

hat die Kleine Strafkammer des Landgerichts Güstrow, Zweigstelle Rostock,

In der Sitzung vom 16. Dez. 1947 in Waren, an welcher teilgenommen haben:

Landgerichtsrat Segert,
als Vorsitzender

Oberpostinspektor a.D. Lange, Rostock
Schulrat Nehls, Rostock
als Schöffen,

1. Staatsanwalt Kressin
Als Beamter der Staatsanwaltschaft

Justizsekretärin Burkhardt
als Urkundsbeamtin der Geschäftsstelle

für Recht erkannt:

Der Angeklagte wird mangels an Beweisen freigesprochen.

Die Kosten fallen der Landeskasse zur Last.

Von Rechts wegen!

Die Rechtskraft des Urteils wird mit Ablauf des 19.12.47 bescheinigt
Rostock, den 14.1.1948
Der Urkundsbeamte der Geschäftsstelle
des Landgerichts
Justizobersekretärin

Das Urteil: Freispruch. Quelle: Stasi-Unterlagenarchiv im Bundesarchiv, Außenstelle Neubrandenburg, MfS, BV Neubrandenburg, Ast. 105/50, Band 1, Bl. 0143.

Die K[reis-] D[ienststelle] Waren – U[ntersuchungs-] Organ ersucht, die Akten in Sachen Dr. Remer vom Gericht anzufordern, zusätzlich den Schriftwechsel, den Dr. R. mit der damaligen Hitlerregierung geführt hat, und seine Aufzeichnungen, die er ‚Grundsätzliches zur Tagespolitik' nennt. Alsdann von dort aus die gesamte Akte zu überprüfen und zu entscheiden, ob die Freisprechung des Dr. R. zu Recht erfolgt ist. [Diese Passage wurde vom MfS Neubrandenburg später rot angestrichen]. Auf Grund der falschen Anschuldigungen, die Dr. R. gegen die [Kreisdienststelle] Waren ausspricht, wäre vielleicht angebracht, gegen denselben von dort aus Anzeige wegen falscher Anschuldigungen gegen Verwaltung und Kriminalpolizei zu erstatten. (Kahle) Kriminaloberassistent."[111]

Zu Otto Remers Glück hatte dieser neuerliche Angriff keine Folgen.

Otto Remer wird Opfer einer Kampagne

Bis Anfang 1950 blieb es um Remer vergleichsweise ruhig. Erhalten geblieben sind zwei Beschwerdebriefe Remers. Im Mai 1948 beschwerte er sich bei der Gemeindevertretung über den Anbauplan[112], im Juli beim Verwaltungsgerichtshof in Schwerin wegen der Beschlagnahme eines Teils seiner Werkswohnung, wodurch er in seiner wirtschaftlichen Tätigkeit beschränkt würde.

In seinem Schreiben an den Verwaltungsgerichtshof findet sich der Hinweis, dass er seinerzeit aus der SED ausgetreten sei, „weil diese die berechtigten Berufsinteressen des landwirtschaftlichen Bevölkerungsteils bei der Aufstellung von Kandidaten zu den gesetzlichen Vertretungskörperschaften, insbesondere zum Landtag, in grober Weise verletzt hatte." Nach seinem Austritt habe ein Kesseltreiben gegen ihn begonnen. Dabei habe der Kreisvorsitzende der SED sich mit „ehemals nazistischen Elementen der hiesigen Ortschaft“ verbunden, um ihn wirtschaftlich lahmzulegen.[113]

Berichte wie der eines „Genossen Erfassungskontrolleurs Lang“ über ein Zusammentreffen mit Remer am 21.7.1948 sollten wohl das Bild eines SED-Feindes zementierten:

„Bei meiner Unterhaltung mit Remer sagte dieser zu mir: ‚Die SED führt uns genau so weit in den Abgrund wie es Hitler gemacht hat.‘ Zu dieser Äusserung wurde Remer anscheinend verleitet, weil ich mich auf seine Frage, welcher politischen Partei ich angehöre, unbestimmt ausgedrückt habe, so daß es nicht zu erkennen war, daß ich auch Mitglied der SED bin.“[114]

Remer trat nach 1947 der CDU bei, der auch sein Stiefsohn zeitweise angehörte. Dieser trat 1950 für die CDU als beratendes Mitglied der Gemeindevertreterversammlung Peckatel in Erscheinung.[115]

Die zwei Jahre währende Ruhe war indessen trügerisch. Seit dem 8.2.1950 gab es in der am 7.10.1949 gegründeten DDR das Ministerium für Staatssicherheit (MfS). Am 12.5.1950 richtete der Oberstaatsanwalt des Landgerichts Schwerin die Forderung an die Verwaltung des MfS Schwerin, das Verfahren, das gegen Remer im Jahr 1947 unter dem Vorwurf des Verbrechens gegen die Menschlichkeit stattfand und mit einem Freispruch endete, wieder aufzunehmen.

Um seine feindliche Einstellung zur DDR zu beweisen, wurden zum einen Remers Aufzeichnungen „Grundsätzliches zur Tagespolitik“ vom August 1946 aus der Versenkung geholt, zum anderen Gemeindeprotokolle aus dem Jahr 1947. Remer sei während der Nazizeit zwar zu zwei Monaten Gefängnis verurteilt worden. Er habe „wohl den Nationalsozialismus etwas kritisiert“, sei aber tatsächlich „ein Anhänger des Nationalsozialismus“. Beweis dafür sei, dass er das Bild des Verbrechers Hitler noch 1947 aufbewahrt habe.

„In dem gegen ihn anhängigen Verfahren wurde Remer mangels Beweisen freigesprochen und konnte dieser Freispruch nur deshalb erfolgen, weil, wie ich bei einer jetzigen Überprüfung der Akten festgestellt habe, die Ermittlung schlecht geführt ist, und zwar dahingehend, dass die antifaschistischen Stellen nicht genügend mit der Polizei zusammen gearbeitet haben, denn sonst hätte Remer ohne weiteres verurteilt werden müssen, wenn man berücksichtigt, was ich beim jetzigen Bürgermeister in dem Nachtrag zum Protokoll der Gemeindevertreter-Sitzung vom 30.6.47 festgestellt habe. [...] Wenn das Protokoll der Gemeindevertreter-Sitzung vom 30.6.47 der ermittelnden Polizei bekannt gegeben wäre, hätte eine Verurteilung des Remer erfolgen müssen.

Ich bitte [...], ein neues Verfahren unter Zugrundelegung des Nachtrages zum Protokoll [...] einzuleiten und, falls erforderlich, was meiner Ansicht nach wohl notwendig sein wird, Remer in Haft zu nehmen."

Der Oberstaatsanwalt bat um Vernehmung des damaligen Protokollanten der Gemeindevertretung, der mittlerweile Lehrer in Torgelow geworden war. Es handele sich um ein vollständig neues Verfahren. Sei es 1947 um die Misshandlung von Zwangsarbeitern gegangen, handele es sich nun „um Verbreitung von Gerüchten bezw. um Propaganda, um den Frieden des Deutschen Volkes zu gefährden bezw. durch die Propaganda der Frieden gefährdet werden könnte."[116]

Das um Stellungnahme gebetene MfS kam zu der Einschätzung, dass ein Strafprozess gegen Remer zum gegenwärtigen Zeitpunkt politisch nicht zweckmäßig sei und er stattdessen zunächst unter Beobachtung gestellt werden sollte. In der Einschätzung hieß es:

1. „Aus dem vorhandenen Aktenmaterial geht hervor, daß Staatsanwaltschaft und Gericht nicht zu einer Verurteilung kommen konnten, weil die Belastungszeugen vor Gericht um-, bis zuweilen ausfielen. Der Vorwurf des Oberstaatsanwalts, die Polizei habe die Ermittlungen schlecht geführt, trifft nicht zu, wie aus den polizeilichen Protokollen und der richterlichen Beweisaufnahme hervorgeht.

2. Eine Wiederaufnahme des Verfahrens mit derselben Beschuldigung [Verbrechen gegen die Menschlichkeit] ist daher unzweckmäßig und ausserdem [...] auf gesetzlicher Grundlage nicht möglich.

3. Die vorgefundenen Briefe und Aufzeichnungen Dr. Remers zeigen, daß Remer ein geltungsbedürftiger Mensch ist, der schon in der Nazizeit versuchte, unter allen Umständen Karriere zu machen. Seine Briefe an Hitler und Göbbels sind zum Teil eine scharfe Kritik am Nationalsozialismus. Wohl bezieht sich die Kritik nicht auf den ideenmäßigen Inhalt des Nationalsoz., der in den Briefen voll bejaht wird, sondern auf die Form seiner Verwirklichung, d. h. besonders auf diejenigen Nazifunktionäre, mit denen Remer Streit hatte. Alle seine Briefe, sowie auch alle seine Handlungen sind darauf ausgerichtet, für sich persönliche Vorteile zu erwirken und seine Persönlichkeit in den Vordergrund zu rücken.

Daß dieser typische akademische Kleinbürger aber auch gefährlich werden kann, geht aus den bei ihm vorgefundenen Tagebuchnotizen und aus seiner Rede in der Gemeindevertretersitzung vom 30.6.47 hervor. In den Tagebuchnotizen fordert Remer die Trennung der SED in SPD u-. KPD. In seiner Rede wendet er sich scharf gegen die Gleichberechtigung der Menschen und stellte fest, daß eine gewisse Schicht des Volkes nie ein höheres geistiges Niveau erreichen kann; dazu zählt er die Arbeiterklasse.

4. Der Oberstatsanw. schlägt vor, ein neues Verfahren gegen Remer anzusträngen [sic!], auf der Grundlage der Direktive 38 […] (wer nach dem 8.5.1945 durch Propaganda den Frieden des deutschen Volkes gefährdet hat oder möglicherweise noch gefährdet). Als Beweismaterial soll das Protokoll der Gemeindevertretervers. v. 30.6.47 dienen. Obwohl Remer diese Äusserungen in seiner Eigenschaft als Gemeindevertreter getan hat, steht ihm die Immunität eines Volksvertreters nicht zu, da diese sich nur auf Abgeordnete der Vertretungen der Länder und der Republik bezieht. Eine Verurteilung Remers ist daher so gut wie sicher, wenn sich die Anklage auf das oben geführte Gesetz stützt.

Es ist aber zu bedenken, ob es politisch zweckmässig ist, Remer, der bereits zweimal unter Anklage nach Direktive 38 stand und freigesprochen wurde aufgrund einer Rede, die er im Juni 1947 in seiner Eigenschaft als Gemeindevertreter hielt, im Mai 1950 zur Verantwortung zu ziehen. Dabei ist zu berücksichtigen, daß die beiden Freisprüche nach dieser Rede erfolgten.

5. Es besteht kein Zweifel, daß Remer auch heute noch gesinnungsmässig Faschist ist und daß er der Deutschen Demokratischen Republik feindlich gegenüber steht. Die Gefährlichkeit dieses Typs darf daher nicht verkannt werden.

Unter Bezug auf 4. Abs. 2 wird vorgeschlagen, die demokratischen Organisationen in Peckatel zu veranlassen, Remers Handlungen wachsam zu beobachten, um ausreichendes Material für ein neues Verfahren, soweit dieses erforderlich sein wird, zu sammeln. Dadurch wird gewährleistet, daß bei einem neuen Verfahren das Beweismaterial durchschlagend ist.“[117]

Warum geriet Remer erneut ins Fadenkreuz politischer Verfolgung? Ein Hintergrund war möglicherweise, dass im Jahre 1950 auch in Peckatel der Prozess der Bildung einer landwirtschaftlichen Produktionsgenossenschaft in Gang kam. Otto Remer, zunächst erklärter Gegner der Kollektivierung, sollte in diesem Zusammenhang offenbar endgültig „aus dem Verkehr" gezogen werden.

Im August 1950 bot sich eine günstige Gelegenheit für eine konzertierte politische Aktion gegen Remer. Ausgangspunkt dafür war eine turbulente Wahlversammlung der „Nationalen Front" in Peckatel, in der es eine scharfe Auseinandersetzung zwischen dem Altbauern S. und dem eingeladenen Referenten gab. S. wurde daraufhin angeklagt. Über die Versammlung gibt ein Schriftstück Auskunft, das offenbar angefertigt wurde, nachdem Anklage gegen S. erhoben worden war. Es soll hier vollständig wiedergegeben werden, einschließlich der Rechtschreibfehler, weil es auch ein Dokument des Kalten Krieges ist, der nach dem Zerfall der Antihitlerkoalition mit der Verkündung der Truman-Doktrin 1947 rasch an Schärfe zunahm:

„Am 18.8.1950 fand in Peckatel Krs. Waren eine Versammlung der Nationalen Front statt. Dieselbe stand im Zeichen der am 15. Oktober durchzuführenden Wahlen. Der Referent konnte nicht programmgemäß seine Rede halten, da er dauernd durch Zwischenrufe des Angeklagten S. unterbrochen wurde, obwohl der Referent den Angeklagten bat, sich zum Schluß seines Referates in der Diskussion zum Wort zu melden. Dies tat der Angeklagte S. nicht, sondern störte immer wieder. Mit seinen Argumenten suchte er immer wieder entweder das Gegenteil zu beweisen oder die Ausführungen des Referenten ins Lächerliche zu ziehen.

Zur Frage um den Kampf für den Frieden erklärte er, dass wir einfachen Menschen für die Erhaltung des Friedens nichts tun können. Die Entscheidung darüber liegt bei den Großmächten. Auf die Ausführungen, daß 8 Millionen Menschen in der Friedensfront stehen, warf er ein, erzählen Sie doch nichts, das kann kein Deutscher mitanhören. Dann zog er einen Vergleich zwischen Hitler und unseres Kampfes um den Frieden und sagte, Hitler versprach uns den Frieden und führte uns in den Krieg sinngemäß wäre es heute die gleiche Tour.

Ein Krieg zwischen den beiden Sowjetunion und Amerika kann uns nichts schaden, denn das ginge uns nichts an. Im Westen gibt es keine Friedenskämpfer. Sie sollen alle machen, dass sie nach Hause kommen, denn hier rollen genau so Panzer wie drüben.

In Bezug auf die Atomwaffe stellte er die Frage, warum in Aue soviel Uran gefördert würde, dies diene doch auch zur Herstellung von Atombomben.

Zur Kartoffelkäferangelegenheit[118] äußerte er, dies sei nur eine Hetze, denn die Kartoffelkäfer würden naturgemäß immer weiter nach Osten vordringen.

Bei der Stellungnahme zur Sowjetunion bemerkte er, dass die sowjetischen Soldaten 1945 den Bauern das Vieh weggetrieben und den Frauen die Schuhe von den Füßen gezogen haben.

Wenn man uns die Lebensmittel beließ, die wir herstellen, ginge es uns besser.

Die Zeugen [...] bestätigen diese Ausführungen.

Der Angeklagte S. gab in seiner polizeilichen Vernehmung als auch in der heutigen Beweisaufnahme zu, diese Äußerungen getan zu haben. Zu seiner Schutzbehauptung führte er aus, dass er in der Demokratie seine Meinung frei äussern könne. Diese dauernde Unterbrechung des Redners begründete er damit, dass er ein kurzes Gedächtnis habe und sich die Fragen nicht 2 Stunden merken könnte.

Was besagen die Äusserungen des Angeklagten S. bei seinem Vergleich zwischen Hitlers Zeit und heute. Hitler versprach uns den Frieden und führte uns in den Krieg, sinngemäß wäre es heute die gleiche Tour.

Ein Krieg zwischen den beiden, Sowjetunion und Amerika kann uns nichts schaden. Sie solle alle machen, dass sie nach Hause kommen, denn hier rollen genau so Panzer wie drüben.

Auch diese Worte sind nichts anderes als Kriegshetze, wenn wir uns vergegenwärtigen, wie sie vorgetragen wurden. Es sind Einwendungen, die nicht mit einem Schlagwort beantwortet werden können. Will der Referent sein Ziel erreichen, kann er auf diese laufenden Zwischenrufe nicht rangehen.

Bei den Zuhörern entsteht aber dadurch der Eindruck, dass der Referent auf diese Einwendungen nichts zu erwidern weiß. Die Folge ist, die Zuhörer werden abgelenkt. Der Referent wird lächerlich.

Greifen wir doch nur das Beispiel mit den Kartoffelkäfern heraus. Es ist nachgewiesen, dass nach Überfliegen eines Gebietes von Flugzeugen Hüllen gefunden wurden, in denen sich Kartoffelkäfer befinden. Es ist bekannt, dass ganze Trauben von zusammenhängenden Kartoffelkäfern in Städten, auf den Straßen und Plätzen und Dächern gefunden wurden. Zu deutlich sah man, dass hier Menschen die Hand im Spiel hatten. Unter dem Druck des Beweismaterials hat die Westpresse dann zugeben müssen, dass sie den Abwurf vorgenommen haben. Zu ihrer Entlastung gaben sie allerdings an, dies in einer Zone getan zu haben, um die Vernichtung eines Vernichtungsgiftes festzustellen. Sie räumen dabei ein, dass evtl. die Flieger dabei etwas über das Gebiet hinausgeflogen sind. Und dies ausgerechnet an der Zonengrenze.

Dem Angeklagten S. kam es aber gar nicht auf die Klärung dieser Frage an. Sein Ziel war, die Versammlung mit seinen Zwischenrufen zu stören, den Referenten blos zu stellen. Er merkte, dass er bei seinen verfänglichen Fragen

Zustimmung bei den Zuhörern fand und damit sein Ziel erreichte.

Verwerflich dabei ist seine versteckte Hetze und zeigt, dass er mit klarer Überlegung seine Fragen stellte. Die typische Schlauheit der Bauern."[119]

Wegen seiner Äußerungen wurde Altbauer S. vom Landgericht Schwerin zu zwei Jahren Zuchthaus verurteilt.

Das MfS nutzte die günstige Gelegenheit, Remer in diese Sache hineinzuziehen. Ihm wurde vorgeworfen, S. beeinflusst zu haben. Er wurde am 13.10.1950 in die Dienststelle des MfS in Waren zitiert und erhielt dort eine Verwarnung.

Remer wandte sich am 23.10.1950 mit einer Eingabe an den Präsidenten der DDR, Wilhelm Pieck und bat diesen, ihn „gegen derartige Unterstellungen und Verleumdungen in Schutz nehmen zu wollen. Ich bin s.Zt. schon von den Nazis verfolgt und mehrfach eingesperrt worden und habe nicht den Wunsch, mit meinen 64 Jahren nochmals denselben Leidensweg, nunmehr etwa in der DDR, zu gehen. [...] Sollte es [..] für nötig befunden werden, sehe ich der Eröffnung eines entsprechenden Untersuchungsverfahrens gegen mich entgegen. Ich brauche aber wohl nicht zu verschweigen, daß mir diese politische Schikanerei, die mir seit der Nazizeit noch in genügender Erinnerung ist, sozusagen zum Halse heraushängt und ich endlich meine Ruhe haben möchte."[120]

Der Referent in der Präsidialkanzlei in Berlin, Streller, forderte das Sekretariat des Landesausschusses der Nationalen Front auf, den Vorgang zu überprüfen und über die Person Remer zu berichten, woraufhin das Sekretariat am 4.12.1950 den Bericht eines „Instrukteurs Loose" schickte, der hier ebenfalls bis auf einen Absatz und ohne die Nennung von Namen vollständig wiedergegeben wird:

„Ende August fand in Waren-Müritz im Graichenhof eine öffentliche Verhandlung der Kleinen Strafkammer des Landgerichts Schwerin statt. Unter Anklage standen drei männliche Personen wegen Verbrechen gegen Artikel 6 der Verfassung der Deutschen Demokratischen Republik in Verbindung mit der Kontrollratsdirektive 38 […]. Die Angeklagten wurden zu mehreren Jahren Zuchthaus verurteilt. Darunter war der Altbauer S. aus Peckatel, der zu 2 Jahren Zuchthaus verurteilt wurde. S. hatte auf einer am 18.8.1950 stattgefundenen Versammlung der Volkswahlen die programmgemässe Durchführung der Versammlung durch ständige Zwischenrufe dieselbe gestört und behindert und, wie die Beweisführung vor Gericht erbrachte, offene Anti-Sowjet- und Kriegshetze betrieben (ein Auszug aus der Beweisführung des Anklagevertreters liegt schriftlich bei). Als Referent auf dieser Versammlung trat ein Herr [..] aus Penzlin auf. Protokoll führte an diesem Abend Herr [..], ehemals Lehrer in Peckatel, jetzt in Wendorf bei Möllenhagen Kreis Waren. Aufgrund des Versammlungsberichtes von Herrn […], des Protokolls und der durchgeführten Diskussion kam diese Angelegenheit zur Kenntnis der Strafverfolgungsbehörden und endete, wie oben erwähnt, vor dem Gericht. Gegen das Urteil ist vonseiten S. Berufung eingelegt. Die allgemeine Stimmung der Bevölkerung der näheren Umgebung drückt sich darin aus, dass das ausgesprochene Strafmass zu hoch wäre. (Vom Vertreter der Anklage wurde ein Jahr Zuchthaus beantragt, das Gericht entschied auf zwei Jahre). Herr S. soll Mitglied der CDU gewesen sein und mit Herrn Dr. O. Remer, ehemaliges Mitglied der CDU, nähere bekanntschaftliche Verhältnisse gehabt haben (Bestätigung dieser Angaben kann von mir nicht erbracht werden).

Herr Dr. Otto Remer, geboren 11.8.86, wohnhaft seit 1934 in Peckatel, ist Eigentümer einer Bauernwirtschaft von

30,10 ha Grösse. Er bewohnt mit seiner Frau, seinem Pflegesohn (Herr [] und dessen Familie) ein grösseres Bauernhaus. Als Mitbewohner des Hauses gelten seine beiden Arbeiter, die je ein grösseres Zimmer bewohnen. In einem Nebenhaus wohnen zwei Umsiedlerfamilien.

Remer ist zum zweiten Mal verheiratet. Der ihm persönlich zur Verfügung stehende Wohnraum soll reichlich hoch sein. Die örtliche Wohnungskommission bemüht sich seit längerer Zeit, noch zwei Zimmer für Umsiedler frei zu machen. Diese Bemühungen sind bisher aufgrund des Verhaltens Herrn Remers noch nicht realisiert worden. Der Pflegesohn, Herr [], ist Mitglied der CDU und Mitglied der Gemeindevertretung. Der erste Arbeiter des Herrn Remer [...] ist Vorsitzender der CDU-Ortsgruppe. Remer stand zweimal unter Anklage nach der Kontrollratsdirektive 38. Die Verhandlungen wurden geführt durch die Kleine Strafkammer des Landgerichts Güstrow, Zweigstelle Rostock. Hier befinden sich auch die Prozessakten. Zur Last wurde ihm gelegt, Misshandlungen an polnischen Zivilarbeitern begangen zu haben. Es erfolgte jedoch Freispruch mangels Beweisen. (Das Amt für Staatssicherheit ist über Remer bestens informiert). Mitglied der NSDAP ist Remer angeblich nicht gewesen, weil er nach eigenen Aussagen zu einigen Naziführern in Opposition stand aus Gründen persönlicher und privater Natur. Dies soll auch aus Briefen, die er an Hitler und Göbbels richtete, hervorgehen (Aussage Herr Löffler, Staatssicherheit). Schon während der Nazizeit soll er auf seine grösstmöglichen Vorteile bedacht gewesen sein. 1945 trat er der SPD bei und war nach Vereinigung der beiden Arbeiterparteien Mitglied der SED, aus der er aber später (etwa 1947) austrat, um Mitglied der CDU zu werden. Er gründete in Peckatel die Ortsvereinigung der CDU. Aus dieser Partei wurde er vor einiger Zeit wegen reaktionären Verhaltens ausgeschlossen.

Seit dieser Zeit tritt er nicht mehr so stark öffentlich politisch in Erscheinung. 1946 trat er gegen die Vereinigung der KPD-SPD auf. Während der Zeit seiner Mitgliedschaft in der SED tätigte er parteifeindliche Umtriebe. Beweise dieser Art gehen hervor aus Protokollen der SED-Ortsgruppe. Auf einer am 30.6.1947 stattgefundenen Versammlung soll er u.a. folgendes geäussert haben: ‚Solange Menschen aus der Arbeiterklasse an der Spitze stehen, werden wir nicht weiter kommen. Es ist eben so, dass die Arbeiterklasse keine Geistesgrössen hervorbringen kann.' Oder ‚wenn die Russen den anderen Parteien ebenso viel Wahlmaterial zur Verfügung gestellt hätten, wie der SED, dann hätte die SED keine Bande bekommen.' An einer Stelle sprach er von Kommunismus, den wir mit allen Mitteln bekämpfen müssten. (Beim Amt für Staatssicherheit in Waren liegt abschriftlich ein Nachtrag dieses Protokolls.) Herr Remer ist ein politischer Gegner des Neulehrers [] und nimmt an, dass dieser S. denunziert hat. Er nimmt auch an, dass seine Vorladung zur Staatssicherheit am 13.10. aufgrund einer Denunziation vonseiten des Neulehrers geschah. An diesem Tage wurden jedoch alle als reaktionär bekannten Personen im Kreis Waren von der Staatssicherheit vorgeladen und auf die Bedeutung der Volkswahlen aufmerksam gemacht. Am 14.10. ging darauf Herr Remer in Peckatel von Haus zu Haus und setzte sich für eine 100%-ige Wahlbeteiligung ein. Herr Remer nimmt somit fälschlich an, dass Herr [..] als Denunziant aufgetreten ist. Es ist sonst auch nicht irgendwie bekannt, dass Herr Remer irgendwie politisch verfolgt und belästigt und verleumdet wurde. Trotzdem ist die allgemeine Meinung im Dorf vorhanden, dass er seine Hände in der Angelegenheit S. hat. (Dieses wurde vor Gericht durch den Bürgermeister Herrn [] zum Ausdruck gebracht. Man bezeichnet ihn im Volksmund als aalglatt, schlau und vorsichtig.) [...]

Herr Remer ist, ob er es ablehnt oder nicht, dennoch ein Mensch, der unsere politische Entwicklung ablehnt, seinen wirtschaftlichen Verpflichtungen hat er versucht, bisher immer gerecht zu werden. Dies dürfte auch seine Pflicht sein. Als Angehöriger der Intelligenz dürfte er klug genug sein, nicht öffentlich und unvorsichtig in Aktion zu treten.

Gez. Karl Loose, Instrukteur.“[121]

Unter dem 10.11.1950 hatte Remer mittlerweile ein weiteres Mal an DDR-Präsident Wilhelm Pieck geschrieben und sich nun über einige gesetzliche Regelungen in der Landwirtschaft beschwert, insbesondere über die Höhe der Ablieferungspflichten und die dafür vorgesehenen Termine, über die Unterversorgung mit landwirtschaftlichen Hilfsgeräten und Gütern des täglichen Bedarfs usw.[122]

Daraufhin wurde nun auch der Rat des Kreises Waren vom Chef der Präsidialkanzlei aufgefordert, zur Person des Beschwerdeführers ausführlich Auskunft zu geben, „besonders über seine sozialen Verhältnisse, die Erfüllung seiner Ablieferungspflichten und seine gesellschaftliche bezw. politische Einstellung.“[123]

SED und MfS im Kreis Waren nutzten dies, um Remer zum Objekt einer gezielten öffentlichen Rufmord-Kampagne zu machen. Die Kampagne richtete sich allerdings nicht nur gegen Remer, sondern landesweit gegen Großbauern, die sich insbesondere der in Gang kommenden Kollektivierung in der Landwirtschaft in den Weg stellten. Als Großbauern galten solche, die 20 bis 100 Hektar bewirtschafteten.

Im Presseorgan der SED Mecklenburgs, der „Landeszeitung“, erschien am 16.12.1950 ein Beitrag unter dem Titel

„Der Kreis Waren hat noch viel aufzuholen“, in dem Remer öffentlich als Fortschrittsbremser dargestellt wurde:

„Merkwürdige Ansichten hat der Vorsitzende der Dorfgenossenschaft in Peckatel, der Altbauer Rehmer. Eine Anzahl Bauern in Peckatel hat die schlechte Angewohnheit, alles das, was Rehmer sagt, gutzuheissen. Nur so ist zu verstehen, dass die Bauern es bisher erdulden konnten, dass Rehmer als erster Vorsitzender der Dorfgenossenschaft die Eingliederung der Bauern von Jennyhof in die Gemeinde Peckatel bisher verhinderte, weil (!) die Jennyhofer Bauern wirtschaftlich schlechter gestellt sind. Der Altbauer Rehmer machte sich also offensichtlich zum Fürsprecher der Peckateler Altbauern, die noch nicht begriffen haben, dass es ihre selbstverständliche Pflicht ist, ihren wirtschaftlich schlechter gestellten Kollegen zu helfen. Rehmer möchte aber wohl lieber die Jennyhofer Bauern »kaputt gehen« lassen und sie dann »aufschlucken«. Unverständlich ist es uns jedoch, dass die fortschrittlichen Kräfte in der Dorfgenossenschaft Peckatel bisher nichts getan haben, um diesen äusserst merkwürdigen Vorsitzenden durch einen aufbaufreudigen Bauern abzulösen. Bezeichnend ist übrigens, dass sich Rehmer auch gegen Schweinemastverträge ausgesprochen hat. »Selbstverständlich« ist in Peckatel noch kein Dorfwirtschaftsplan aufgestellt worden, denn Rehmer hat es bisher verstanden, alle fortschrittlichen Massnahmen in Peckatel zu sabotieren.“[124]

Dass es sich hier um eine gezielte Kampagne handelte, geht aus zwei Zusammenhängen hervor: So erschienen auch in anderen Regionalausgaben, so in der Landeszeitung Greifswald, am 16.12.1950 solche Beiträge. Dort (siehe Abbildung) war der „Großbauer Kurth“ aus Daberkow im Kreis Demmin Zielscheibe der Kritik, die dort noch drastischer ausfiel. Unter der Überschrift „Ein Großbauer spielt den ungekrönten König“ heißt es unter anderem: „In dieser Gemeinde wohnen etwa 60 Neubauern und 7 Altbauern. Ein Teil der Neubauern ist noch ungenügend mit Produktionsmitteln ausgerüstet. Deshalb ist es den wenigen Großbauern gelungen, diese völlig von sich abhängig

Ein Großbauer spielt den ungekrönten König

Wo die Partei schlecht arbeitet, werden Neubauern um Boden und Haus betrogen

Ein deutliches Beispiel dafür, wohin es führt, wenn die Anleitung der Grundorganisationen auf dem Lande vernachlässigt wird, ist die Gemeinde Daberkow im Kreise Demmin. In dieser Gemeinde wohnen etwa 60 Neubauern und 7 Altbauern. Ein Teil der Neubauern ist noch ungenügend mit Produktionsmitteln ausgerüstet. Deshalb ist es den wenigen Großbauern gelungen, diese völlig von sich abhängig zu machen. Obwohl 43 Bauern Mitglied unserer Partei sind, hat es die Partei-Ortsgruppe bisher nicht verstanden, den undemokratischen Umtrieben in Daberkow Einhalt zu bieten. Man fürchtet die reaktionären Kräfte im Dorf.

Der Großbauer Kurth ist der ungekrönte König in Daberkow. Er besitzt genügend Anspannung und Produktionsmittel und beschäftigt zahlreiche fremde Arbeitskräfte. Er ist Vorsitzender des Vorstandes der Genossenschaft und Vorsitzender des Ortsausschusses der Nationalen Front. Sein Freund, der Großbauer und ehemalige Gutsinspektor Perl, ist Vorsitzender des Aufsichtsrates der Genossenschaft. Der VdgB-Vorsitzende Pieritz steht gänzlich unter dem Einfluß dieser beiden Dorfpaschas. Großbauer Kurth beschäftigt außer drei männlichen Arbeitskräften die 19jährige Helene Schmidt. Diese junge Landarbeiterin muß sogar jetzt im Winter täglich 12 Stunden und sonntags 8 Stunden arbeiten. Sie wird monatlich mit 65 DM entlohnt. Außerdem hat Großbauer Kurth vom Frühjahr bis zum Herbst ständig mehrere Umsiedler beschäftigt ohne sie in Selbstversorgung zu nehmen. Das Essen bei Großbauer Kurth ist so schlecht, daß seine Arbeiter es oft vorziehen, anderweitig zu essen.

In seiner Funktion als Vorsitzender des Vorstandes der Genossenschaft versuchte Kurth die Ablieferung zu hemmen. Er forderte den Geschäftsführer auf, einen von der ATG zur Getreideabfuhr gestellten Lastkraftwagen wieder abzubestellen, obwohl dieser Lkw. eine große Hilfe für die Gemeinde war.

Großbauer Kurth hatte auch seine Hand im Spiel, als die Neubauern in Daberkow bei einer Düngerzuteilung anstatt 75 Kilogramm nur 50 Kilogramm erhielten. Der Rest wurde an die „guten Freunde“ verteilt.

In Daberkow befinden sich zwei Gastwirtschaften. Eine davon gehört der VdgB. Der Einfluß der reaktionären Elemente verhindert, daß in der VdgB-Gastwirtschaft Versammlungen und Veranstaltungen der demokratischen Organisationen stattfinden. Die andere Gastwirtschaft hat vor einigen Monaten den Saal bedeutend vergrößert und eine Bühne gebaut. Fraglich ist, warum die Baugenehmigung erteilt wurde, wo doch in Daberkow ein genügend großer Saal in der VdgB-Gaststätte vorhanden ist. Die Staatliche Kontrolle muß einmal feststellen, aus welchen Quellen das Bauholz entnommen wurde.

Die Neubauern Weichholz, Maltz und andere haben bis heute noch nicht die ihnen zustehenden Wiesen bzw. Koppeln. Die Neubäuerin Zick hat ihr ausgelostes Haus auch noch nicht erhalten. Niemand im Dorf fühlt sich verpflichtet, der alleinstehenden, anspannungslosen Neubäuerin zu helfen.

Welche Schlußfolgerung muß die Partei-Ortsgruppe und die Kreisleitung Demmin aus den Zuständen in Daberkow ziehen? Wir können den Fünfjahrplan in der Landwirtschaft nicht erfüllen, wenn wir versäumen, die ideologische Rückständigkeit unserer Parteiortsgruppen in den Dörfern im Verhältnis zu den Parteiorganisationen in der Industrie zu beseitigen. Es gilt daher, dem Parteilehrjahr im Dorfe von seiten der Kreisleitung besondere Aufmerksamkeit zu widmen. Das Parteilehrjahr auf dem Lande kann nur dann als erfolgreich angesehen werden, wenn wir die Genossen Landarbeiter und Bauern befähigen, die führende Kraft im Dorfe zu sein.

Bei der Vereinigung der VdgB mit der Genossenschaft ist es Aufgabe unserer Genossen und aller fortschrittlichen Bauern, mit kritischen Augen die Leute anzusehen, die als Funktionäre der neuen Organisation vorgeschlagen werden. Keineswegs darf es den Dorfpaschas oder ihren Hintermännern gelingen, Einfluß auf die neue bäuerliche Organisation zu gewinnen. Die werktätigen Bauern in Daberkow müssen das Heft selbst in die Hand nehmen, sie müssen ihre Kollegen zur gegenseitigen Hilfe erziehen und dürfen sich nicht weiter von den reaktionären Kräften regieren lassen.

Die Kreisleitung unserer Partei muß sorgfältiger auf dem Lande arbeiten. Ihre Aufgabe ist es, in jedem Dorf die Situation genau zu studieren und nach einem konkreten Plan die Genossen in den Dörfern anzuleiten.

Der Kreisverband der VdgB (BHG) und die Kreisbodenkommission müssen sofort die Zustände in Daberkow eingehend untersuchen. Es ist ein Skandal, daß die Neubauern in Daberkow fünf Jahre nach der Bodenreform noch nicht das ihnen zustehende Land bewirtschaften. Der Kreisverband der VdgB (BGH) muß in Zukunft eine enge Verbindung mit den Ortsgruppen aufrechterhalten. Dazu ist notwendig, daß sich die Funktionäre der VdgB (BGH) vom Schreibtisch trennen und lernen, operativ zu arbeiten. Sie müssen dafür sorgen, daß die Arbeit der neuen bäuerlichen Organisation in jedem Dorf den gegenwärtigen wirtschaftlichen und politischen Aufgaben entspricht.

Kr.

Zeitgleich erschienen Artikel in mehreren Regionalausgaben der „Landeszeitung, Organ der SED Mecklenburg“, mit denen „Großbauern“ als Feindbild aufgebaut wurden. Dieser Artikel erschien in der Nr. 291 der Regionalausgabe Greifswald vom 16.12.1950. Der Artikel in der für den Raum Neustrelitz/Neubrandenburg erscheinenden Regionalausgabe, in dem Otto Remer öffentlich denunziert wurde, erschien ebenfalls an diesem Tag. Er fand sich bislang lediglich als Abschrift im Bundesarchiv.

zu machen. Obwohl 43 Bauern Mitglied unserer Partei sind, hat es die Partei-Ortsgruppe bisher nicht verstanden, den undemokratischen Umtrieben in Daberkow Einhalt zu gebieten. Man fürchtet die reaktionären Kräfte im Dorf. Der Großbauer Kurth ist der ungekrönte König im Dorf. Er besitzt genügend Anspannung und Produktionsmittel und beschäftigt zahlreiche fremde Arbeitskräfte. Er ist

Vorsitzender des Vorstands der Genossenschaft und Vorsitzender des Ortsausschusses der Nationalen Front. Sein Freund, der Großbauer und ehemalige Gutsinspektor Perl, ist Vorsitzender des Aufsichtsrates der Genossenschaft. Der VdgB-Vorsitzende Pieritz steht gänzlich unter dem Einfluß dieser beiden Dorfpaschas. Großbauer Kurth beschäftigt außer drei männlichen Arbeitskräften die 19jährige Helene Schmidt. Diese junge Landarbeiterin muß sogar jetzt im Winter täglich 12 Stunden und sonntags 8 Stunden arbeiten. Sie wird monatlich mit 65 DM entlohnt. Außerdem hat Großbauer Kurth vom Frühjahr bis zum Herbst ständig mehrere Umsiedler beschäftigt, ohne sie in Selbstversorgung zu nehmen. Das Essen bei Großbauer Kurth ist so schlecht, daß seine Arbeiter es oft vorziehen, anderweitig zu essen." Kurth habe versucht, Erzeugnis-Ablieferungen zu hemmen, und habe auch seine Hand im Spiel gehabt, „als die Neubauern in Daberkow bei einer Düngerzuteilung anstatt 75 Kilogramm nur 50 Kilogramm erhielten. Der Rest wurde an die ‚guten Freunde' verteilt."[125]

Dass es sich mit Blick auf Peckatel um eine gezielte Kampagne gegen Remer handelte, geht auch aus dem Antwortschreiben des Landrates Waren vom 19.12.1950 auf die Aufforderung des Chefs der Präsidialkanzlei in Berlin hervor, zur Person Remer ausführlich Auskunft zu geben. Der Landrat bestätigte zwar, dass Remer seiner Ablieferungspflicht „im allgemeinen nachgekommen" sei. „Die politische Einstellung ist aus den Anlagen zu ersehen. Zu dem Auszug aus dem Artikel der Landeszeitung vom 16.12. muss noch bemerkt werden, dass die Angaben von uns an Ort und Stelle überprüft wurden mit der Feststellung, dass sie den Tatsachen entsprechen."[126]

Dem Schreiben des Landrats wurden mehrere Anlagen beigefügt: Anlage 1 enthielt einen Auszug aus dem Artikel in der Landeszeitung vom 16.12.1950, Anlage 2 ein Protokoll über Remers Redebeitrag auf der Gemeindevertretersitzung in Peckatel am 30.6.1947, von dem bereits „Instrukteur Loose“ berichtet hatte und das die Person Remers ebenfalls in ein schlechtes Licht rückte. Dieses Protokoll wurde dreieinhalb Jahre (!) nach besagter Gemeindevertretersitzung „nachgeliefert“ und sein Inhalt von zwei Gemeindevertretern bestätigt. Remer erscheint darin als Feind von „Staat und Partei“, der nur „mit scharfen Worten zurechtgewiesen“ werden konnte. Darin heißt es:

„In der Gemeindevertretersitzung vom 30.6.1947 in der Gemeinde Peckatel gab Herr Dr. Rehmer einen politischen Bericht. Dieser wurde im Protokoll nicht mit aufgenommen. Nach Aufforderung durch die Gemeindeabteilung der Kreisverwaltung wurde nachstehende Ergänzung zum Protokoll von dem damaligen Schriftführer, Herrn [..], nachgereicht. Dass die Ausführungen, die im Bericht enthalten sind, von Dr. Rehmer gemacht wurden, haben mir am 18.12.1950 der Bürgermeister [..] und Herr [..] bestätigt.

In seinem politischen Bericht sagte Dr. Rehmer unter anderem: „Wenn wir uns die heutige politische Lage betrachten – innen- und aussenpolitisch – so kommen wir zu der Überzeugung, dass es leicht zu einer Katastrophe führen kann. Schuld an den innenpolitischen Mißständen hat nicht zuletzt die Partei, der wir angehören, der wir unser vollstes Vertrauen schenken und die nicht das hält, was sie versprach, die uns eine Enttäuschung nach der anderen bereitet, die uns als Stimmvieh benutzte und dem wir uns gegenüber jetzt, wo wir unsere Pflicht ihr gegenüber erfüllt, unsere Rechte suchen können. Ich selbst bin sehr enttäuscht. Während die Mitgliederzahl in anderen Parteien steigt, lichten sich unsere Reihen und hätten die Russen den anderen Parteien genau soviel Zich-Tonnen

Wahlpropaganda zur Verfügung gestellt, ich glaube, die SED hätte die Stimmenmehrheit nicht erhalten.

Wir leben in keiner Demokratie, Diktatur und Willkürherrschaft sind an der Tagesordnung. Es wird gegen Monopol- und Monopolkapitalismus gepredigt und was sind z. B. unsere Versicherungsgesellschaften, eine Bereicherungskammer für den Staat.

Sehen wir uns den Gegensatz zwischen Osten und Westen an. […] solange Schichten aus der Arbeiterklasse an der Spitze eines Staates oder Landes stehen, wird es nie zu etwas Gescheitem führen, denn es gibt eben Schichten eines Volkes, die nie zu einer gewissen geistigen Höhe kommen und dazu gehört die Arbeiterklasse.‘

Hier wird Dr. Rehmer vom Fraktionsleiter der SED Genossen [..] unterbrochen und mit scharfen Worten zurechtgewiesen und ersucht in seiner Ausdrucksweise vorsichtiger zu sein.“[127]

Auch die Anlage 3 zum Schreiben des Landrates brachte Remer in Misskredit. Darin wird unter dem Datum 20.6.1950 geschildert, dass Remer wegen parteischädigenden Verhaltens aus der CDU ausgeschlossen worden sei, wofür fadenscheinige Gründe geliefert wurden.[128]

Einen nachdrücklichen Beweis für die Kampagne gegen Remer stellt die Anlage 4 zu dem Schreiben dar. Diese Anlage enthält ein Schreiben des Dezernates für Arbeit und Sozialwesen, Abt. Wohnungswesen im Landratsamt Waren, an den Rat des Kreises Waren, Dezernat Innere Verwaltung „betr.: Dr. Otto Remer, Peckatel“. Das Schreiben trägt das Datum **15.** [!] Dezember 1950, und es heißt darin: „Ein Artikel in der Landeszeitung Nr. 291 vom 16. [!] Dezember 1950 gibt Veranlassung, auf einen Aktenvorgang in unserer Abteilung hinzuweisen, der 66 Seiten umfasst und sich über etwa 2 ½ Jahre erstreckt.

Aus diesem Vorgang geht eindeutig hervor, dass es sich bei Dr. Remer um einen Menschen handelt, der seine wirtschaftliche Stärke und sein Wissen dazu benutzt, die aufbauwilligen Kräfte unseres Staates in ihrer Arbeit zu behindern und Verwaltungen und Behörden für seine egoistischen Zwecke auszunutzen.

Margarete und Otto Remer mit Enkelinnen. Quelle: Archiv Dr. Betty Surmann.

Obgleich Dr. Remer nach wie vor in seinem Hause über reichlich Wohnraum verfügt, hat er es durch Inanspruchnahme sämtlicher zuständiger und nichtzuständiger Instanzen bisher verstanden, eine gerechte Ausnutzung seines Wohnraumes zu verhindern.

Als im Sommer dieses Jahres unterbelegter Wohnraum im Hause Remer unmittelbar zur Vollstreckung eines Räumungsurteils und mittelbar zur Räumung der Schule von schulfremden Personen in Anspruch genommen werden sollte, zeigte Herr Dr. Remer bei den Verhandlungen mit dem Abteilungsleiter Mohr vom Kreiswohnungsamt scheinbar grösstes Entgegenkommen, indem er sich bereit erklärte, die entsprechenden Räume abzutreten und sie durch Schaffung von Kochgelegenheit für den beabsichtigten Zweck benutzbar zu machen. Da der zur Räumung verurteilte Neubauer [..], zu dem freundschaftliche Beziehungen zu unterhalten Dr. Remer vorgab, den Bezug der ihm im Hause Remer zugewiesenen Räume ablehnte, ist als sicher anzunehmen, dass dieses auf den Einfluss Dr. Remers zurückzuführen ist. Darüberhinaus haben Unterhaltungen mit Einwohnern der Gemeinde Peckatel ergeben, dass niemand in dieses Haus einziehen möchte, weil Dr. Remer es verstehen würde, etwaigen Mietern das Leben unerträglich zu machen. Da eine Zwangszuweisung einer Bestrafung der Zugewiesenen gleichkäme, wurde vorerst von einer Einweisung in das Haus Remer Abstand genommen.

Abschliessend bleibt festzustellen, dass sich die seitens des Kreiswohnungsamtes mit Dr. Remer gemachten Erfahrungen mit den Schilderungen in oben bezogenem Zeitungsartikel decken.“[129]

Hier wurde somit am 15.12.1950, einen Tag *vor* Erscheinen des diskriminierenden Zeitungsartikels in der „Landeszeitung“, aber mit Bezug darauf der Stab über Remer gebrochen. Die Kampagne erfüllte ihren Zweck. Am 13.1.1951 wandte sich der Chef der Präsidialkanzlei und Staatssekretär des Präsidenten Wilhelm Pieck, Leo Zuckermann, unter Bezugnahme auf den Artikel in der „Landeszeitung“ an Kurt Viehweg vom Sekretariat des SED-Politbüros: „Werter Genosse Vieweg! Bei der Bearbeitung verschiedener Beschwerden des Bauern Dr. O. Remer, Peckatel Kreis. Penzlin, stellte es sich heraus, daß Remer eine vollkommen negative Einstellung zu unserer antifaschistisch-demokratischen Ordnung und zu den von der Regierung durchgeführten Maßnahmen an den Tag legt. Remer war ehemals Mitglied der SED, trat später in die CDU ein und wurde dort wegen parteischädigenden Verhaltens ausgeschlossen. Nach den hier vorliegenden Unterlagen ist er ein Gegner unseres Aufbaus und ein Querulant. Wir übermitteln einen Auszug aus der Landeszeitung vom 16. Dezember 1950, aus dem hervorgeht, daß

Dr. Remer der Vorsitzende der Dorfgenossenschaft in Peckatel ist und einen üblen Einfluß auf die dortige Bauernschaft ausübt. Gleichzeitig bitten wir, durch die Partei entsprechenden Einfluß auszuüben, daß die Dorfgenossenschaft in Peckatel von fortschrittlichen, aufbauwilligen Kräften geführt wird. Mit sozialistischem Gruß, Leo Zuckermann."[130]

Otto Remer konnte von Glück sagen, dass diese Kampagne für ihn keine strafrechtlichen Folgen mehr hatte und er in den folgenden Jahren weitgehend in Ruhe gelassen wurde.

Anmerkungen zu den gesellschaftlichen Rahmenbedingungen in jener Zeit

In Otto Remers neuerlichen Problemen mit der „Staatsmacht" spiegelten sich bereits politische Veränderungen wider, die 1952 ihren Höhepunkt finden sollten. Im Juli 1952 beschloss die II. Parteikonferenz der SED, mit dem planmäßigen „Aufbau des Sozialismus" in der DDR zu beginnen. Die zuvor bereits vorhandene „Polarisierung von Befürwortern und Gegnern des Sozialismus verstärkte sich" (Schürer 1996: 43). Die Entwicklung des neuen Staates hatte in diesem Zusammenhang von Anfang an, also bereits vor Gründung der DDR, unter der Zielstellung des Aufbaus einer „antifaschistisch-demokratischen Ordnung" bis hin zum Beschluss über den „Aufbau des Sozialismus" 1952, eine wichtige „mentale" Seite, die zunächst latent, ab 1949 bereits verstärkt und ab 1952 endgültig alles „Alte" als nicht mehr tragbar für die neue Gesellschaft erscheinen ließ. Davon war auch die bisherige Stellung von Fachleuten aus bürgerlichen Kreisen betroffen.

Das Leitbild der „antifaschistisch-demokratischen Ordnung" orientierte noch auf ein bürgerlich-demokratisches

Gesamtdeutschland. Danach sollten lediglich die Schlüsselbetriebe, die großen Konzerne und Banken sowie die Güter und Großbetriebe über 100 Hektar in der Landwirtschaft verstaatlicht und zentral bewirtschaftet werden. Den Klein- und Mittelbetrieben in Gewerbe, Industrie und Landwirtschaft sollte hingegen breiter Raum gelassen werden, was zunächst z. B. die Bodenreform mit der Schaffung hunderttausender kleiner Landwirtschaftsbetriebe unterstrich. In dieser Ordnung sollten – darauf verweist z. B. die Gründung der Nationaldemokratischen Partei Deutschlands (NDPD) – auch konservative Kreise sowie Mitläufer der Nazis, die sich außer ihrer Mitgliedschaft in Naziorganisationen (außer SS) kaum etwas zuschulden hatten kommen lassen, einen Platz und die Möglichkeit der Mitgestaltung finden.[131]

Das Leitbild der „antifaschistisch-demokratischen Ordnung", deren wichtigste Trägerin unter den politischen Parteien die SED als durch die Erfahrungen in der Weimarer Republik und dann unter dem NS-Regime geläuterte, aus KPD und SPD vereinigte Arbeiterpartei sein sollte, hatte „vorher auf jeden Fall eine breitere Basis für gesellschaftlich wirksame Kräfte geboten" als nach 1952 die Parole vom „Aufbau des Sozialismus" (Schürer 1996: 43). Es bot nicht nur eine breitere Basis, sondern drückte am besten die weit verbreitete Aufbruchsstimmung in der Bevölkerung aus.[132] Aber schon 1947 wurde dieses Leitbild untergraben – politisch und ökonomisch. Unter Berufung auf den Marshallplan und die Spaltungspolitik der Westzonen (nach Gründung der Bizone) setzten sich in der SED und der Sowjetischen Militäradministration (SMAD) Kräfte durch, die so schnell wie möglich nach sowjetischem Vorbild die sozialistische Umgestaltung der sowjetisch besetzten Zone wollten (vgl. Karuscheit 1996: 62 ff.). Dieser Prozess war bereits in Vorbereitung auf den 2. Parteitag der

SED 1947 in der Partei, aber auch in der SMAD in Gang gekommen. Der Leiter des Parteiaktivs der SMAD, Oberst Tulpanow, war eifrigster Verfechter der Idee eines sozialistischen deutschen Teilstaates. Zwei Monate nach dem Parteitag hatte Walter Ulbricht als Folge einer entsprechenden Forderung Tulpanows dazu aufgerufen, aus der SED eine „Partei neuen Typs" zu machen. In den nächsten Monaten wurde dieses Ziel in der Partei durch die „Ausmerzung des Sozialdemokratismus", die Durchsetzung des „Leninismus" und die Anerkennung der Sowjetunion als Vorbild bereits realisiert. Im Mai 1948 hatte Wilhelm Pieck eine „strategische Änderung unseres Kampfes" angekündigt und die Perspektive verkündet, dass der Ostteil Deutschlands sich „als selbständiges staatliches Gebilde" mit einer „Planwirtschaft nach sozialistischen Grundsätzen" entwickeln werde (Karuscheit 1996: 65).

Der sowjetische Diplomat Semjonow schreibt in seinen Memoiren die Bestrebungen, schon 1948 zum Sozialismus überzugehen, einigen „Hitzköpfen" in der SED zu, nicht der offiziellen Linie der Sowjetunion, wenngleich diese „Hitzköpfe" sich der Unterstützung eines Teils des Politbüros der KPdSU sicher sein konnten (Semjonow 1995: 261 ff.). Die Staatsgründung der DDR ging dann zwar nicht auf die Bestrebungen der „Hitzköpfe" zurück, sondern wurde – aus Sicht der Sowjetunion – nach der Staatsgründung der Bundesrepublik unumgänglich, aber die „Hitzköpfe" gewannen doch erheblichen (negativen) Einfluss auf das gesellschaftliche Klima in der Sowjetischen Besatzungszone. Die SED verwandelte sich aus einer vereinigten, sozialistisch-sozialdemokratisch orientierten (Arbeiter)partei in eine kommunistische Partei nach dem Vorbild der KPdSU, in der dann nicht nur in parteipolitischer Hinsicht eine Sozialdemokratie- und Intellektuellen-Feindlichkeit teilweise wieder Platz griff, sondern in ökonomischer auch eine Feindlichkeit gegenüber jeder Form des Kapitals bzw. des Privateigentums, ob es der kleine Handwerks- oder Industriebetrieb oder der Bauer mit einem Besitz (weit) unter 100 ha war. Die Feindlichkeit gegenüber den Letztgenannten fand ihren politischen Ausdruck in mehreren Verordnungen und Richtlinien, so in den Verordnungen vom 17.7.1952 und 19.2.1953 betreffend die „Übernahme devastierter Betriebe", ferner in den Kreditrichtlinien der Deutschen Bauernbank vom 6.12.1952, die die Einzelbauern benachteiligten, sowie in verschärften Strafen bei Nichterfüllung von Ablieferungsverpflichtungen und Steuerzahlungen, in nichterfüllbaren Ablieferungsquoten und im Verwehren des Zugangs zu Maschinen-Traktoren-Stationen. In Folge dieser Maßnahmen verließen zahllose Einzelbauern Haus und Hof und flüchteten in die Bundesrepublik.[133] Trotz Rücknahme der meisten dieser Verordnungen und Richtlinien nach den Ereignissen des 17. Juni 1953 kehrte der Großteil der geflüchteten Bauern nicht zurück.

Letztlich war die Spaltung Deutschlands mit der Ablehnung der Note der Sowjetunion vom März 1952 an die westlichen Alliierten endgültig besiegelt, in der als Reaktion auf den Beschluss, Westdeutschland zu remilitarisieren und in die NATO einzubinden, die Wiedervereinigung Deutschlands bei freier Wahl der Gesellschaftsordnung gegen die Verpflichtung zur Neutralität vorgeschlagen worden war. Karuscheit schreibt allerdings den „Linksradikalen" in der SED-Führung, Ulbricht vorneweg, eine Mitverantwortung an der Spaltung zu, die den Beschluss zum Aufbau des Sozialismus auf der 2. Parteikonferenz vom Juli 1952 ohne eigentlich notwendige Absicherung durch einen Parteitag und ohne Diskussion über die ökonomischen, außen- und innenpolitischen Konsequenzen gefasst hätten. „Zur Schaffung der ökonomischen Grundlagen des Sozialismus beschloß die Parteikonferenz, den Aufbau der Schwerindustrie zu Lasten der Konsumgüterindustrie zu forcieren. Die selbständigen Bauern sollten in landwirtschaftlichen Produktionsgenossenschaften zusammengefasst, die Handwerker sowie das kleine und mittlere Kapital zurückgedrängt werden. Innenpolitisch wurde der Übergang zum ‚Sozialismus' mit der Verschärfung des Klassenkampfes verbunden. Der bisher ‚antifaschistisch-demokratische' Staat sollte nunmehr die Diktatur des Proletariats ausüben. [...] Die von den Sowjets empfangene Staatsgewalt sollte also jetzt als ‚Diktatur des Proletariats' gegen Bauern, Handwerker, Intellektuelle, die Kirchen und überhaupt alle eingesetzt werden, die die neue ‚sozialistische Orientierung' nicht teilten und von nun an als Konterrevolutionäre galten" (Karuscheit 1996: 69 f.).

Vor diesem gesellschaftlichen Hintergrund sind auch die „mentalen Probleme" dieser Zeit zu sehen. Eine gesellschaftliche Polarisierung hatte bereits bis 1952 in Form einer von den politischen Grundauffassungen (bewusst und unbewusst) abgeleiteten Gegnerschaft: „Alte" gegen „Neue", „Bürgerliche" (Intellektuelle) gegen „Angehörige der Arbeiterklasse" stattgefunden – so verliefen in etwa die Trennlinien. Die „Verschärfung des Klassenkampfes" engte darüberhinaus die Möglichkeiten zur Einbindung der „kleinen Nazis" und von konservativ-bürgerlich eingestellten Menschen in die neue Gesellschaftsordnung ein. Akademiker waren latenten Anfeindungen und Misstrauen ausgesetzt, sie wurden als die „Bürgerlichen" angesehen. Unterstützt wurde die Intellektuellenfeindlichkeit durch die SED-Führung. So hieß es im Beschluss der II. Parteikonferenz u. a., dass zur „Brechung des Widerstandes der gestürzten Klassen und die Liquidierung aller Versuche, die Macht des Kapitals wiederherzustellen" die Pflicht bestehe, „zu erhöhter Wachsamkeit zu erziehen. Die jüngsten Ereignisse haben gezeigt, daß unsere Volkspolizei und unsere Staatssicherheitsorgane bereits ein wirksamer Schutz unseres friedlichen Aufbaus sind. Aber sie bedürfen der aktiven Unterstützung der breitesten Volksmassen, um alle heimtückischen Anschläge des Feindes zunichte zu machen. In der Arbeiterschaft wächst bereits die Erkenntnis der eigenen Verantwortung, die Arbeiter nehmen die Betriebe, Maschinen usw. unter ihren persönlichen Schutz. Leider können wir das von unseren wissenschaftlichen Institutionen, Hochschulen und Universitäten noch nicht in gleichem Maße feststellen. Hier herrschen noch vielfach Leichtgläubigkeit und Sorglosigkeit, wodurch es dem Feinde erleichtert wird, gerade an diesen Institutionen sein schmutziges Handwerk zu treiben. [...] Wir müssen besonders die Gelehrten und Studenten, die aus eigener Anständigkeit leicht geneigt sind, auch den Feind für anständig zu halten, von der Gefährlichkeit der liberalen Sorglosigkeit überzeugen und sie zu wachsamen Erbauern des Sozialismus erziehen.“[134]

Leitende Akteure in den Verwaltungen und der „führenden Partei“ kamen aus dem antifaschistischen Widerstand, viele hatten die Kerker und Konzentrationslager des NS-Regimes überlebt und übernahmen nun in einem über Jahre vom Faschismus geprägten „feindlichen“ Umfeld Verantwortung. Hinzu kamen unter der Losung „Arbeiter in die Regierung“ Menschen, die aus Betrieben in die Administration delegiert und dann in Schnellkursen für ihre Aufgaben qualifiziert wurden. Zu ihnen gehörte der letzte Chef der Staatlichen Plankommission der DDR, Gerhard Schürer: „Unter der Losung ‚Arbeiter in die Regierung‘ fischte mich irgend jemand [...] aus dem großen Meer der arbeitenden Menschen und delegierte mich zu einem dreimonatigen Lehrgang auf eine in Mittweida neu gegründete Wirtschaftsschule der Landesregierung Sachsen. Geschult wurden wir in Marxismus-Leninismus, Betriebswirtschaft, Planökonomie und Sozialwissenschaft. [...] Im November 1947 wurde ich zur Personalabteilung der Landesregierung bestellt und als ich nachmittags meiner Schwiegermutter den neuen Ausweis zeigte, auf dem stand, daß ich nun ‚Oberregierungsinspektor' bin, sagte sie entsetzt: ‚Mein Gott, Junge, du warst doch bisher immer ein anständiger Mensch!'" (Schürer 1996: 35 f.). Aus Sicht der „Alten" wurden diese „Neuen" kaum als Fachleute akzeptiert. Otto Remers Vorbehalte gegen „Entscheider" aus der Arbeiterklasse sind ein Beispiel dafür.

Nach Gründung der DDR und dann vor allem nach dem Beschluss zum „Aufbau des Sozialismus" wurde es zunehmend schwieriger, sich offen an westdeutschen bzw. westeuropäischen Vorstellungen und Arbeiten zu orientieren. Spätestens mit dem Beschluss über den „Aufbau des Sozialismus" wurde die Orientierung an sowjetischen Politik- und Wirtschaftsmodellen zur „conditio sine qua non": Wer sich fachlich äußerte, bezog sich darauf.

Mit der Polarisierung in Befürworter und Gegner des Sozialismus wurde insgesamt das gesellschaftliche Klima rauer: Die vielerorts nach dem Zweiten Weltkrieg vorhandene Aufbruchsstimmung war bereits vorher erschüttert. Nun war sie dahin, offene Diskussionen wurden schwieriger, Misstrauen ging noch mehr um als zuvor.

Am 23. Juli 1952 verabschiedete die Volkskammer der DDR in Umsetzung des Beschlusses der II. Parteikonferenz der SED das „Gesetz über die weitere Demokratisierung des Aufbaus und der Arbeitsweise der staatlichen Organe in den Ländern der DDR", das eine Neugliederung des Verwaltungsaufbaus der DDR entsprechend den wirtschaftlichen Schwerpunkten vorsah. An die Stelle der 5 Länder traten zunächst 14 Bezirke: Chemnitz (seit 1953

Karl-Marx-Stadt), Cottbus, Dresden, Erfurt, Frankfurt/O., Gera, Halle, Leipzig, Magdeburg, Neubrandenburg, Potsdam, Rostock, Schwerin und Suhl sowie das Stadtgebiet von Groß-Berlin (später der rechtlich nicht existierende 15. Bezirk). Die Kreise wurden verkleinert (statt 132 gab es dann 217). Die administrativen Leitungs- und Kontrollmöglichkeiten (für die SED) konnten dadurch effektiviert werden.

Letzte Lebensjahre

1953 versuchte Remer vergeblich, sich als Verfolgter des NS-Regimes anerkennen zu lassen. Er trug als Begründung seine Haft und daraus resultierende gesundheitliche Schäden (Herzleiden) vor. Sein Antrag wurde vom Rat des Bezirkes Neubrandenburg im Februar 1953 abgelehnt. Remer legte daraufhin Beschwerde gegen diesen Beschluss ein, die wiederum abschlägig beschieden wurde mit Begründungen, dass „die festgestellten Leiden lt. ärztlichen Gutachten Erscheinungen (sind), die in dem Alter des Dr. als natürliche zu bezeichnen sind, und nicht als Folgen der Haft anerkannt werden können. Die politische Haltung des Dr. Remer geht aus seinen Unterlagen klar hervor. Wenn das Naziregime ihn als Lehrbauer anerkannt hätte, wäre er wahrscheinlich ein guter Nazi geworden. Seine Begründung daß es einmalig in Mecklenburg ja in der DDR sei daß ein Akademiker einen Hof bewirtschaften muß von 26 ha., die jeder andere mit Volksschulbildung bewirtschaften kann, beweist seine Überheblichkeit.

Wenn Dr. Remer Antifaschist gewesen wäre und heute ein aufrichtiger Mitarbeiter am sozialistischen Aufbau, hätte er es als Akademiker nicht nötig einen Hof zu bewirtschaften, den ein Volksschüler bewirtschaften könnte.

Aus obigen Gründen lehnt der Bezirksprüfungsausschuß die Beschwerde als unbegründet ab."[135]

Überwachung rund um die Uhr

Spätestens ab 1954 – Otto Remer war mittlerweile 68 Jahre alt! – überwachte ihn das MfS Neubrandenburg gezielt mit Hilfe mehrerer „Gesellschaftlicher Informanten" (GI), die in den Folgejahren Berichte über Remer lieferten: die GI „Bimber", „Weishaupt", „Mühle", „Jochen Müller", „Robert" und „Rade" beobachteten jeden Schritt, den Otto Remer ging. Remer selbst erhielt in dem Überwachungsvorgang den Decknamen „Rumpel".

GI „Bimber" berichtete am 25.6.1954 anlässlich eines Besuches Remers im Gemeindebüro Peckatel:

„Remer war 1945 Bürgermeister in Peckatel. Remer erfüllt sein Soll laufend und hat in diesem Jahr 14 Schweine auf freie Spitzen verkauft. Bei Remer arbeitet der Landarbeiter [..], ca. 22 Jahre alt, Mitglied der CDU und der Gemeindevertretung. Über Dr. Remer kann ich keine weiteren Angaben machen, da ich ihn zuwenig kenne."[136]

GI „Weishaupt" hatte offenbar die Aufgabe, Remer auf seinen Reisen zu beobachten. So fuhr Remer am 22.1.1955 zusammen mit seinem Stiefsohn und einigen anderen Bauern aus Peckatel zur „Grünen Woche" nach Westberlin. Sein Stiefsohn, so berichtete „Weishaupt", habe von dort „eine Hetzschrift ‚Tanrantal' mitgebracht, die er ihm [„Weishaupt"] zu lesen gegeben habe. Dr. Remer fahre in gewissen Zeitabständen nach Westberlin. Im Kommentar des Führungsoffiziers von „Weishaupt" ist zu lesen: „Maßnahmen: Alle angeführten Personen durch GI Mühle und Bimber aufklären und Handakte anlegen."[137]

Auch GI „Mühle" berichtete über Reisen von Remer nach Westberlin.[138] Am 12.5.1955 schreibt er zudem, dass

Otto Remer mit einer seiner Enkelinnen. Foto: Archiv Bernhard Adloff.

ein gewisser M. jeden Freitag aus Neustrelitz zu Remer komme, um sich Butter zu kaufen. Das hatte zur Folge, dass sein Führungsoffizier R. als Maßnahme festlegte, auch M. „aufzuklären“.[139]

GI „Robert“ denunzierte Remer in seinem Bericht vom Februar 1955 als „Großbauern“ und als einen, der sich nicht an die Vorgaben der LPG halte.[140]

GI „Rade“ äußerte sich am 13.4.1955 positiv über Remer. Dieser sei auf verschiedenen Gebieten Fachmann. „Rade“ weist auf einen Beitrag Remers in der Zeitschrift „Deutsche Landwirtschaft“ hin, die von der Deutschen Landwirtschaftsgesellschaft herausgegeben wurde. In dem Aufsatz habe Remer über den Anbau von Bokharaklee und Schafschwingel geschrieben.[141] „Rade“ wollte Remer aufsuchen, um mit ihm über dieses Problem zu sprechen, da er Remers Erfahrungen für sein Studium gebrauchen könne. Sein Führungsoffizier im MfS, Unterleutnant R., merkte daraufhin an: „Maßnahmen: Bericht dient als Grundlage einer Legende. GI ‚Rade‘ soll an Dr. Remer angesetzt werden.“[142]

Auf „Rades“ Bericht hin fasste das MfS am 26.4.1955 den Beschluss, einen Überprüfungs-Vorgang anzulegen, u. a.

mit der Begründung, dass Remer [wegen des genannten Aufsatzes] mit der Deutschen Landwirtschaftsgesellschaft in Berlin-Dahlem in Verbindung stehe, 1954 und 1955 bei der Grünen Woche gewesen sei, monatlich einmal nach Westberlin fahre und stark im Verdacht stehe, „an den dort stattfindenden illegalen Besprechungen, welche sich gegen die DDR richten, daran teilzunehmen.“[143]

Grabstein für Margarete Remer und ihren Bruder Georg Bartz. Quelle: Archiv Dr. Betty Surmann.

Der Leiter der Abteilung III des MfS „bat“ in diesem Zusammenhang darum, „die Ein- und Ausgangspost der im Betreff genannten Person sicherzustellen und uns zuzuleiten“[144], sodass sich im Aktenkonvolut des Stasi-Unterlagenarchivs auch zahlreiche private Briefe Otto Remers finden wie der vom 15.5.1955 an einen Willy, dem er u. a. berichtete, dass seine Frau 1954 gestorben sei. Margarete Remer war am 29. August 1954 gestorben und fand auf dem Friedhof in Peckatel ihre letzte Ruhe.[145]

Vielleicht machte Otto Remer mit fortschreitendem Alter seinen Frieden mit den neuen Verhältnissen. GI „Jochen Müller“ berichtete über ein Gespräch mit Remer am 26.7.1955. Remer habe sich positiv über die Planwirtschaft in der DDR geäußert, da es für ihn nicht schwierig sei, das

Ablieferungssoll zu erfüllen und er durch die freien Spitzen die Möglichkeit habe, seinen Betrieb zu stabilisieren, und ablehnend zur „Freien Wirtschaft" in der Bundesrepublik, da es dort unbestimmt sei, ob die Bauern ihre Erzeugnisse loswürden.

Und vielleicht gehörte es zur Strategie des MfS, Otto Remer mit einer öffentlichen Belobigung ruhig zu stellen. So erschien im „Neuen Deutschland" 1954 ein Beitrag auf Seite 2, in dem Otto Remer als vorbildlicher Bauer herausgestellt wurde, weil er sein Ablieferungssoll an Frühkartoffeln als erster erfüllt hatte.

Ein letzter Versuch Otto Remers, sich öffentlich politisch zu äußern, ist aktenkundig. Er schrieb einen Leserbrief an die Zeitung der Liberaldemokratischen Partei

Getreideernte begann überall

Berlin (ADN). In allen Bezirken der Deutschen Demokratischen Republik hat die Getreideernte nach dem Abklingen der Schlechtwetterperiode Anfang dieser Woche in vollem Umfange begonnen. In vier Dörfern des Kreises Königs Wusterhausen ist die Mahd von Gerste und Gemenge schon beendet. 60 Prozent ihrer Getreidefelder haben die Bauern der Gemeinde Briesen im gleichen Kreis bereits gemäht. Vorbildlich arbeiteten die Traktoristen der MTS Pätz in der Gemeinde Gussow, indem sie nach der Rapsmahd sofort alle abgeernteten Flächen schälten und mit Zwischenfrüchten bestellten.

Drei Sternfahrten, bei denen die Bauern ihrem Arbeiter- und Bauernstaat das erste Getreide überreichen wollen, werden im Kreis Königs Wusterhausen vorbereitet. Am 27. Juli wird der erste Zug

Winterölfrüchte gemäht, davon allein durch die MTS 3731 Hektar. Von den gemähten Flächen wurden im Bezirk bisher 2650 Hektar geschält und 2300 Hektar mit Zwischenfrüchten bestellt.

Soll an Frühkartoffeln erfüllt

Neustrelitz (ADN). Als einer der ersten Bauern im Bezirk Neustrelitz hat der Bauer Otto Renner aus Peckatel im Kreis Neustrelitz am 20. Juli sein Soll an Frühkartoffeln erfüllt. Insgesamt wurden in diesem Bezirk bis Anfang dieser Woche jedoch nur 46 Hektar Frühkartoffeln gerodet. Zu den ersten Ablieferern bei Ölfrüchten gehören die werktätigen Einzelbauern August Schmidt und Hermann Heiden aus Neubrandenburg und die Landarbeiter des örtlichen Landwirtschaftsbetriebes Neuenkirchen.

Soll an Frühkartoffeln erfüllt – Otto Remer („Renner") wird im „Neuen Deutschland" gelobt! Zeitungsausschnitt ND vom 24.7.1954: S. 2.

Deutschlands (LDPD), „Der Morgen". Ein Datum ist nicht überliefert, aus dem Aktenzusammenhang müsste es das Jahr 1955 gewesen sein, und ob der Leserbrief abgedruckt wurde, ist nicht bekannt:

„Schon lange habe ich einmal an Sie schreiben wollen, um Ihnen mitzuteilen, daß zwischen Ihren Auffassungen und denen eines großen Teils Ihrer Leserschaft doch wohl erhebliche Differenzen bestehen. Ich erinnere mich noch der Zeit vor einer Reihe von Jahren, wo Sie auch mal Kritik übten. Im Laufe der Jahre scheinen Sie ziemlich fromm geworden zu sein.

Jetzt bemühen Sie sich mit um die ‚breitere Entfaltung der Demokratie" und sagen in Ihrem Beitrag: Vom ‚man' zum ‚wir' in Nr. 129 vom 11. d. M. S.2, das bedeutete, alle Bürger an der Leitung und Lenkung unseres Staates zu beteiligen. Ich muß mich wirklich wundern, daß man das jetzt tut und nicht vorher, als bei der Wahl Gelegenheit dazu war. Aber da mußten wir die Einheitsliste ‚wählen'. Nun, wo das Übel geschehen ist, sprechen Sie von der Beteiligung des Volkes an der Regierung.

Nun, es hat wohl keinen Zweck, mit Ihnen darüber zu debattieren. Die Deutschen auch in der DDR sprechen anscheinend schon zwei verschiedene Sprachen und haben auch zwei weit voneinander entfernte Auffassungen. Vielleicht ist es auch nur Rückgratlosigkeit. Oder sind es Brotrücksichten? Im Rahmen der ‚Freiheit', deren Vertreter die LDP doch eigentlich sein sollte."[146]

Remer beklagte sich über die Höhe der Ablieferungen, die sich aus seiner Sicht gegen die privaten Bauern richteten und die dazu führten, dass diese die Lust verlören.[147]

In zwei privaten Briefen berichtete Remer ausführlich von einer Reise nach Moskau, die er offenbar im Juni 1956 mit Bauern aus der Umgebung gemacht hatte.[148]

Begegnungen mit Walter Karbe

Ein Freund von Otto Remer war der Strelitzer Heimatforscher Walter Karbe (9.4.1877–25.10.1956). Einige Dokumente im Nachlass des Heimatforschers, der im Karbe-Wagner-Archiv in Neustrelitz bewahrt wird, zeugen davon, dass Karbe des Öfteren bei Remers zu Besuch war.

Walter Karbe (links) und Otto Remer, 1952. Foto: Karbe-Wagner-Archiv Neustrelitz, Nachlass Walter Karbe.

Walter Karbe war häufig in Peckatel und Umgebung auf Wanderung und schrieb seine Beobachtungen akribisch auf. In einem handschriftlichen Beitrag mit dem Titel *„Gränenberg u. Klingenberg"* schildert er unter anderem, wie er im „Modenbruch", dem kleinen Gewässer, das an den ehemaligen Gutspark angrenzt und von Karbe als „Gutsteich" bezeichnet wird, „im aufgewühlten Erdreich ein rundes Granitgeschiebe in Form einer 3-pfündigen Geschützkugel" fand. „Solche Gebilde können zwar während der Eis- oder Abschmelzzeit durch natürliche Abrollung entstanden sein, aber hier ist die Fundstelle vermutlich der Wallgrabenrest eines alten Rittersitzes und deswegen kann das Stück wohl als ein künstlich hergestelltes Geschoss angesprochen werden."

Und dann schreibt er weiter: „Es liegt jetzt auf dem Schreibtisch des Dr. Remer, dessen Garten an den Teich grenzt.“ Und in einer Fußnote dazu bemerkt er: „Leider hat dieser es dann vor die Haustüre gelegt, wo es natürlich abhanden kam.“[149]

In einem Notizheft, das Karbe führte und mit dem Titel *„Rings um den Barenberg. Peutsch–Brustorf–Peckatel. Die Maltzan und die Asseburg“* überschrieb, notiert er zu demselben Fund: „Ich gab es meinem Freund, dem Bauer Dr. Remer, an dessen Gartenzaun es gelegen hatte und plazierte es auf seinem Schreibtisch, aber das war keine glückliche Idee, denn es gelangte von dort vor die Haustür, wo es dann natürlich abhanden kam.[150]

Die Bekanntschaft zwischen Remer und Karbe geht auch aus einer knappen Darstellung in einem Buch hervor, das Annalise Wagner über das Leben Walter Karbes verfasste (Wagner 1957)[151]. In einem Kapitel, das mit der langen Überschrift *„Sonntägliche Wanderungen im Kreis Neustrelitz finden ihren Niederschlag in zahlreichen Abhandlungen und Monographien landeskundlicher, volkskundlicher, naturwissenschaftlicher und geschichtlicher Art“* beginnt, zeichnet Wagner die regelmäßigen Besuche nach, die Walter Karbe in seinen letzten elf Lebensjahren als „Altersrentner und Heimatforscher mit freier Tätigkeit“, wie er sich nach seinem Übergang in den Ruhestand selbst bezeichnete, seinen engsten Bekannten und Freunden, Lehrern, Landwirten, Pastoren oder Förstern, abstattete. Laut Wagner boten diese Personen ihm „ein freundliches Wirtshaus, ein Wanderziel, einen anregenden Familienkreis und gleichzeitig eine Entspannung von der anstrengenden geistigen Arbeit in der Woche. Er teilte mit diesen Menschen gleiche Interessen und Sorgen und nahm an der Entwicklung ihrer Kinder regen Anteil. Er war ihnen ein befreundeter Lehrer, der von seinen heimatkundlichen

Entdeckungen, von Sage, Brauchtum und Geschichte, von Tieren und Pflanzen stets interessant zu erzählen wusste" (Wagner 1957: 143 f.).

Die „Burg der Maltzans in Peckatel" war einer von zehn Orten, die Karbe regelmäßig ansteuerte. Den Weg nach Peckatel ging Karbe laut Annalise Wagner „etwa zwei- bis dreimal jährlich". „In Peckatel lebt der erfolgreiche Landwirt Dr. R[emer]. Die Landschaft um Peckatel, Peutsch, Brustorf, rings um den Barenberg und die Asseburg hatte W. K. schon viele Jahrzehnte beschäftigt. Den Gebrüdern Maltzan als hochverdienten Naturforschern nachzuspüren, hatte er schon oft unternommen. Eine letzte Studie schrieb er einige Wochen vor seinem Tode." (Wagner 1957: 151).

Vielleicht war neben der Erwartung neuer Erkenntnisse über Land und Leute die Aussicht auf eine Bewirtung mit einem guten Essen oder auf „gute Gaben" ein zusätzlicher Anreiz für seine Wanderungen nach Peckatel. Solche Aussichten versprach auch ein Brief, den Otto Remer Ostern 1955 an Walter Karbe schrieb. Auf diesen warteten, so schrieb Otto Remer, „dringend einige Eier".

Am 9. Juli 1960 flüchtete Otto Remers Stiefsohn mit seiner Ehefrau und den bis dahin drei kleinen Kindern nach Berlin (West). Die Familie ging von dort in die Bundesrepublik. In der Meldekartei finden sich zu den Fluchtgründen folgende Einträge, die hier mit allen Rechtschreibfehlern wiedergegeben werden sollen. Zu Remers Stiefsohn heißt es: „Beruf: Landwirt. Beschäftigt: LPG Typ I in Peckatel. Organisiert: Mitglied der DBD. Grund: [] war bei seinem Stiefvater dem Großbauern Dr. Rehmer als Wirtschafter tätig. Der Eintritt in die LPG soll der Hauptgrund der R.-Flucht sein. [] streubte sich bis zuletzt in die LPG einzutreten. In Politischer hinsicht stand er nicht zu unserer Republick! Illegal am 09.07.60 (Westberlin)."

Peckatel,6.4.55.

Mein lieber Herr Karbe !

Zu Ihrem demnächstigen 78.Geburtstag möchte auch ich herzlichst gratulieren und Ihnen noch viele gesunde und schaffensfreudige Jahre wünschen. An dem neuen Heimatheft,das ich mir morgen zuzulegen gedenke,werden Sie auch wieder maßgeblich beteiligt sein.

Mir geht es gesundheitlich mal wieder nicht zum besten,das Rheuma macht sich wieder bemerkbar,obwohl ich den letzten Übeltäter habe ziehen lassen.Alle anderen sollen gesund sein.Vielleicht habe ich mich etwas spät von ihm getrennt.

Wie wäre es mit einem Osterspaziergang nach Peckatel ? Hier warten dringend einige Eier auf Sie.

Mit vielen herzlichen Grüßen

Ihr

Otto Remer

Brief von Otto Remer an Walter Karbe, 6.4.1955. Quelle: Karbe-Wagner-Archiv Neustrelitz, Nachlass Walter Karbe, Karton 30. Remer erwähnt in dem Brief seine Zahnprobleme.

Und zur Ehefrau heißt es: „Beruf: ohne. Beschäftigt: Im Haushalt. Organisiert: nein. Grund: Von Frau [] der Vater soll ein ehemaliger Oberst außer Dienst sein. Der in

Westdeutschland wohnt. Die beeinflussung wird hier eine große Rolle mit spielen. Politisch war die Frau [] nicht immer für unseren Staat eingestellt. Illegal am 09.07.60 (Westberlin).“[152]

Die fehlerhafte Rechtschreibung wurde in den Zitaten belassen. Fragwürdig ist die Information, dass Otto Remers Stiefsohn der Wirtschafter seines Stiefvaters war. Er scheint seit 1947 auch Eigentümer der Hälfte des einst etwa 30 Hektar großen Betriebes gewesen zu sein. Denn vom September 1947 datiert ein Schenkungsvertrag, mit dem Otto Remer seinem Stiefsohn aus seinem Grundbesitz knapp 15 Hektar Acker, Wiesen, Holzung und „Unland“ sowie an totem Inventar ein Pferd, zwei Kühe, zwei Starken, zwei Kälber, einen eisenbereiften Land-Bulldog-Trecker, einen Lanz-Grasmäher, eine Kartoffelrodemaschine „Sur“, einen Pferderechen, einen Kipppflug, einen Dreischarpflug, eine Hederichegge, einen Ackerwagen und eine zweirädrige Sturzkarre übergab. Außerdem sollte der Stiefsohn ein Wohnrecht in Remers Haus „von höchstens 4 Zimmern und Küchenbenutzung und Mitbenutzung von Boden- und Kellerraum“ erhalten und Remer übergab seinem Stiefsohn die Hälfte der Wirtschaftsgebäude zur Mitnutzung. Otto Remer hatte die Schenkung laut Vertrag „aus dem Grunde [vorgenommen], damit der Erwerber in die Lage versetzt wird, eine selbständige Landwirtschaft aufzubauen“[153]. Ob der Vertrag notariell beglaubigt wurde und damit zu Stande kam, ist nicht überliefert.

Nach der Flucht der Familie seines Stiefsohnes blieb Otto Remer allein zurück in Peckatel.

Epilog

Am 4. August 1963 endete das Leben von Dr. Otto Martin Karl Remer. Er verstarb nicht in Peckatel, sondern in Rostock. Am 8.8.1963 wurde er in Peckatel begraben. Die Begräbnisandacht hielt Pastor Ulrich Gurske (11.2.1930–2.2.2014), der laut Auskunft von Gisela Krull, der langjährigen Dorfchronistin und Lehrerin in Peckatel, extra seinen Urlaub verschob, um dem Verstorbenen das letzte Geleit geben zu können.

Otto Remer hatte in seinem Testament seine Wirtschafterin als Vorerbin benannt. Damit wollte er verhindern, dass sein Besitz verstaatlicht wurde. Erbinnen sollten seine Stief-Enkelinnen werden.

Gleichwohl wurden sein Haus, Hof, Grund und Boden de facto „vergesellschaftet". Das Wohnhaus diente weiter Wohnzwecken für Peckateler Einwohner und wurde in Archivunterlagen als Gemeindeeigentum bezeichnet. Die Wirtschaftsgebäude wurden von der Landwirtschaftlichen Produktionsgenossenschaft als Werkstatt genutzt.

Der Name Remer lebte im Dorf bis zur „Wende" fort. Noch im August 1989 beantragte der „Zweckverband Werterhaltung" Neustrelitz-Land bei der „Gewässeraufsicht Templin" den Bau einer Klärgrube am „Haus Remer" in Peckatel. Es heißt in dem Schreiben: „Das Haus Remer ist Eigentum des Rates der Gemeinde Klein-Vielen. Es ist bewohnt von 11 Personen. Die Wasserversorgung ist zentral. Zwei Familien haben ihre Wohnungen bereits in eigener Initiative modernisiert. Der Bau einer Klärgrube ist dringend notwendig. Wir übergeben Ihnen hiermit zwei Lagepläne und einen Übersichtsplan und bitten um Ihre Zustimmung zur Baumaßnahme und zur Einleitung in die vorhandene Ortsentwässerung, […]."[154]

Dazu kam es nicht mehr.

Zweckverband Werterhaltung
Neustrelitz-Land
Hauptauftraggeber

Neustrelitz, den 7.8.1989

Wasserwirtschaftsdirektion Küste
Oberflußmeisterei Neubrandenburg
Gewässerinspektion
Gewässeraufsicht Templin

2090 Templin

Gartenstr. 6 PSF 0832

Flußbereich Templin
Eingang
Reg.-Nr.: 904

Betr. Entwässerung Wohnhaus Remer in Peckatel

Das Haus Remer ist Eigentum des Rates der Gemeinde Klein-Vielen. Es ist bewohnt von 11 Personen. Die Wasserversorgung ist zentral. Zwei Familien haben ihre Wohnungen bereits in eigener Initiative modernisiert. Der Bau einer Klärgrube ist daher dringend notwendig. Wir übergeben Ihnen hiermit zwei Lagepläne und einen Übersichtsplan und bitten um Ihre Zustimmung zur Baumaßnahme und zur Einleitung in die vorhandene Ortsentwässerung, an die auch die 24 WE angeschlossen sind.

HAG

3 Anlagen

Schreiben Zweckverband Werterhaltung Neustrelitz-Land an Gewässeraufsicht Templin vom 7.8.1989. Quelle: KA MSE, Regionalstandort Neustrelitz, Nr. 24294, Rat des Kreises, Abteilung Umweltschutz-Wasserwirtschaft-Erholungswesen bis 1989.

Nach der Vereinigung der beiden deutschen Staaten wurden die alten Besitzverhältnisse wiederhergestellt und das Eigentum von Otto Remer und seinem Stiefsohn kam in die Hände seiner Erbinnen.

Nach und nach zogen die Bewohner aus dem Remerschen Haus aus, das dann jahrelang leer stand. Aber bis zum Abriss 2016 blieb das ehemalige Wirtschaftshaus des Maltzanschen Gutes, in das die Siedlerfamilie Remer 1934 eingezogen war, in der örtlichen Bevölkerung als „Remersches Haus" bekannt. Und der an das Remersche Grundstück grenzende Teich, der auf alten Flurkarten „Modenbruch" heißt, wird bis heute „Remerscher Teich" genannt.

In den Erinnerungen manch älterer Einwohnerinnen und Einwohner Peckatels erschien Otto Remer bis in die jüngste Vergangenheit nicht immer in einem guten Licht. Von einzelnen Zeitzeugen und Zeitzeuginnen oder solchen, die über ihn „vom Hörensagen" berichteten, wurde ihm ein querulatorischer Charakter nachgesagt.

Verfolgt man seinen Lebensweg, so ergibt sich doch ein differenziertes Bild. Otto Remer wuchs noch im ständisch geprägten deutschen Kaiserreich auf. Als Gutsbesitzersohn groß geworden und ausgestattet mit höherer Schulbildung stieg er hier zunächst einige Stufen einer bürgerlichen Karriereleiter hinauf, studierte, wurde als Kriegsfreiwilliger Offizier und erwarb seinen Doktortitel bei renommierten Professoren.

In der von harten politischen, sozialen und ökonomischen Auseinandersetzungen gekennzeichneten Weimarer Republik scheiterte er mit dem Versuch, ein erfolgreicher Landwirt zu werden. Erst Anfang der 1930er Jahre bekam er beruflich in Schwerin mit einer Stelle, die seiner Ausbildung entsprach, wieder Grund unter seine Füße. Die Stelle schien seinen (hohen) Ansprüchen aber nicht zu genügen. Vielleicht sah er in der Übernahme der Siedlung in Peckatel bessere Chancen dafür zu zeigen, was er als Landwirt konnte.

In Peckatel stieß er auf eine komplizierte „Mischung" aus zugezogenen Bauern, die auf selbständigen Bauernwirtschaften groß geworden waren, und Gutsarbeitern, die nach dem Verlust ihres gutsherrschaftlichen Arbeitgebers und Versorgers notgedrungen zu einer Siedlung kamen und mühsam erlernen mussten, eine eigene Wirtschaft zu führen. Otto Remer schlug sich verschiedentlich unterstützend auf ihre Seite.

Der Siedlungsprozess in Peckatel war jahrelang von harten Auseinandersetzungen unter anderem um Land gekennzeichnet. Remer nahm an diesen Auseinandersetzungen mit seinen besonderen Persönlichkeitsmerkmalen teil. Durchgängig wird ein starkes Gerechtigkeitsgefühl deutlich, das ihn auszeichnete. Dabei hat er sich verschiedentlich zu Unrecht ungerecht behandelt gefühlt, und es fiel ihm schwer, seine Emotionen zu kontrollieren, was ihm sicher Ärger erspart hätte.

In den Nachkriegsjahren schien sich seine Stellung im Dorf zunächst zu bessern. In den politischen Auseinandersetzungen jener Zeit, die sich mit Beginn des Kalten Krieges 1947 schrittweise zuspitzten, geriet er als „Großbauer“ bald wieder in ein feindlich gestimmtes Umfeld.

So wurde er sowohl vor als auch nach 1945 je nachdem, mit wem er es zu tun hatte, als eine querulatorisch veranlagte, streitbare oder geltungssüchtige oder aber als fachlich versierte, mutige oder unnachgiebige Persönlichkeit gesehen, stur im positiven Sinne.

Alles in allem war Otto Remer in Peckatel wohl am falschen Ort zur falschen Zeit. In einer ständisch-konservativ geprägten bürgerlichen Gesellschaft hätte er bei seiner Sozialisation und Qualifikation sowie mit etwas Glück behaftet vielleicht ein angesehener Beamter oder Angestellter in der staatlichen Verwaltung oder in der Wirtschaft werden können.

In Peckatel fand er sein Glück jedenfalls nicht.

Quellen

Primärquellen

Bundesarchiv – Barch, DA 4/1100.

Barch, VBS 1/1140022001.

Barch, R2/19008, Mecklenburgische Landgesellschaft mbH, Schwerin, Band 1.

Stasi-Unterlagen-Archiv im Bundesarchiv, Außenstelle Neubrandenburg, MfS, BV Neubrandenburg, AOP 40/57 (Überprüfungsvorgang 68/55).

Stasi-Unterlagen-Archiv im Bundesarchiv, Außenstelle Neubrandenburg, MfS, BV Neubrandenburg, Ast. 105/50, Band 1.

Kreisarchiv Mecklenburgische Seenplatte (KA MSE), Regionalstandort Waren, Sign. 823, 824 und 9670.

Kreisarchiv Mecklenburgische Seenplatte, Regionalstandort Neustrelitz, Akte Anfragen, Anerkennung, Ablehnung VdN 1953-1962, Nr. 22727.

Kreisarchiv Mecklenburgische Seenplatte, Regionalstandort Neustrelitz, Meldekartei (Mikrofiche). Karteikarten W. F., M. F. und Kinder.

LHA Schwerin, MLDF, Siedlungsamt (Spezialakten), Nr. 3120.

LHA Schwerin, 5.12-6/2, Ministerium für Justiz, Lehngüter III, Nr. 582.

LHA Schwerin, MLDF, Siedlungsamt, (Spezialakten), Nr. 3119.

LHA Schwerin, 10.25-1 Mecklenburgische Landgesellschaft mbH, Nr. 1982 und Nr. 303.

LHA Schwerin, 5.12-6/9-1, 4249, Landesstrafanstalten Dreibergen-Bützow, Insassenakten.

LHA Schwerin, 9.2-15, Reichsnährstand und Landesbauernschaft Mecklenburg, Nr. 90.

Sekundärquellen

Behrens, H. 2015: Landwirtschaftliche Siedlung in Mecklenburg in der NS-Zeit – am Beispiel der Güter Klein Vielen und Peckatel. Zeitgeschichte regional Mitteilungen aus Mecklenburg-Vorpommern **19** (1): 24–39.

Beschluß der II. Parteikonferenz der Sozialistischen Einheitspartei Deutschlands zur gegenwärtigen Lage und zu den Aufgaben im Kampf für Frieden, Einheit, Demokratie und Sozialismus. In: Einheit, **7** (1952) Heft 8: 720.

Billstein, R. 1984: Neubeginn ohne Neuordnung. Dokumente und Materialien zur politischen Weichenstellung in den Westzonen nach 1945, Köln.

Heinemann, I. 2003: Rasse, Siedlung, deutsches Blut. Das Rasse- und Siedlungshauptamt der SS und die rassenpolitische Neuordnung Europas. [Moderne Zeit. Neue Forschungen zur Gesellschafts- und Kulturgeschichte des 19. und 20. Jahrhunderts (hrsg. von Ulrich Herbert und Lutz Raphael); Bd. 2. Göttingen.

Herlemann, B. 1993: Der Bauer klebt am Hergebrachten. bäuerliche Verhaltensweisen unterm Nationalsozialismus auf dem Gebiet des heutigen Landes Niedersachsen. Veröffentlichungen der Historischen Kommission für Niedersachsen und Bremen **39**, Band 4. Hannover.

Heusterberg, B. 2000: Personenbezogene Bestände aus der Zeit des Nationalsozialismus. Das Bundesarchiv in Berlin und seine Bestände, insbesondere des ehemaligen amerikanischen Berlin Document Centers (BDC). In: HEROLD-Jahrbuch. Neue Folge. Neustadt an der Aisch: 147-186. Zitate im Text nach der von der Internetseite des Bundesarchivs unter http://www.bundesarchiv.de/imperia/md/content/abteilungen /abtr/5.pdf herunterladbaren Version.

Karuscheit, H. 1996: Über das Scheitern des deutschen Kommunismus (Teil II) In: Weißenseer Blätter, Nr. 4/1996. Berlin.

Körner, K. 2016: Politische Broschüren im Kalten Krieg 1947 bis 1963: 4. http://www.dhm.de/archiv/ausstellungen/kalter_krieg/brosch_04.htm (1.12.2016).

Madajczyk, C. 1996: Der Generalplan Ost. In: Gröning, G. (Hg.): Planung in Polen im Nationalsozialismus. Berlin.

Madajczyk, C. unter Mitarb. von Biernacki, S. (Hg.) 1994: Vom Generalplan Ost zum Generalsiedlungsplan: Dokumente [Einzelveröff. d. Hist. Komm. zu Berlin **80**]. München, New Providence, London, Paris.

Mann, G. 1958: Deutsche Geschichte des XX. Jahrhunderts. Frankfurt/M., Wien, Zürich.

Opitz, R. 1996: Faschismus und Neofaschismus. Bonn.

Remer, O. 1917; Die Agrarverfassung der Bantu im äquatorialen Afrika. Dissertation Friedrich-Wilhelms-Universität Berlin. Graudenz.

Remer, O. 1955: Ertragssteigerung durch Bokhara-Klee. Mitteilungen der Deutschen Landwirtschafts-Gesellschaft **70** (1955) Heft 22, vom 2.6.1955, S. 561–562.

Schirrmacher, A. 2010: Philipp Lenard. Erinnerungen eines Naturforschers. Kritische annotierte Ausgabe des Originaltyposkriptes von 1931/1943. Heidelberg u. a.

Schlenker, K. 2001: Mecklenburgische Gutsanlagen vor dem Zweiten Weltkrieg zwischen Aufsiedlung und Denkmalschutz. In: Bispinck, H. et al. (Hg.): Nationalsozialismus in Mecklenburg und Vorpommern. Schwerin: 69.

Schürer, G. 1996: Gewagt und verloren. Eine deutsche Biografie. 2. Aufl. Frankfurt/Oder.

Schullze, E. (Hg.) 1948: Gesetz zur Befreiung von Nationalsozialismus und Militarismus vom 5. März 1946 mit Ausführungsvorschriften, der Anweisung für die Auswerter der Meldebogen und der Rangliste in

Anweisung für die Auswerter der Meldebogen und der Rangliste in mehrfarbiger Wiedergabe. Dritte, durchgesehene und ergänzte Auflage. München.

Semjonow, W. S. 1995: Von Stalin bis Gorbatschow. Ein halbes Jahrhundert in diplomatischer Mission 1939-1991. Berlin.

Smit, J. G. 1983: Neubildung deutschen Bauerntums. Innere Kolonisation im Dritten Reich – Fallstudien in Schleswig-Holstein. Urbs et regio **30**. Kassel: 102 und 107.

Wagner, A. 1957: Walter Karbe … der sich die Heimat erwanderte. Rostock.

Wasser, B. 1996: Die Umsetzung des Generalplans Ost im Distrikt Lublin. In: Gröning, G. (Hg.): Planung in Polen im Nationalsozialismus. Hochschule der Künste Berlin: 15–61.

http://www.dfg.de/pub/generalplan/vertreibung_2.html (30.11.2016).

Anmerkungen

1 LHA Schwerin (LHAS), MLDF, Siedlungsamt (Spezialakten), Nr. 3120, Niederschrift über eine am 10.4.1933 stattgehabte Besichtigung des Gutes Peckatel. Siehe auch LHS, MLDF, Siedlungsamt, Nr. 3119, Schreiben Meckl. Landgesellschaft an MLDF, 7.12.1933.

2 LHAS, wie Anmerkung 1, Niederschrift über eine am 10.4.1933 stattgehabte Besichtigung des Gutes Peckatel. – Siehe auch MLDF, Siedlungsamt, Nr. 3119, Schreiben Meckl. Landgesellschaft an MLDF, 7.12.1933.

3 LHAS, wie Anmerkung 1, Niederschrift über eine am 10.4.1933 stattgehabte Besichtigung des Gutes Peckatel. – Kirchenländereien im Umfang von 74 Hektar waren aus der Siedlungsmasse herausgelöst worden. An ihnen zeigten die Siedler in den Folgejahren erhebliches Pachtinteresse.

4 LHAS, 5.12-6/2, Ministerium für Justiz, Lehngüter III, Nr. 582, Peccatel, Allodialbrief vom 25.6.1934.

5 LHAS, wie Anmerkung 1, Nr. 3119, Schreiben Meckl. Landges. an MLDF, Abtl Siedlungsamt, vom 3.10.1933 und Abschrift Finanzierungsplan Siedlungsstelle Peckatel, Meckl. Landgesellschaft, 15.1.1934.

6 Barch, R2/19008, Mecklenburgische Landgesellschaft mbH, Schwerin, Band 1: Jahresbericht für die Zeit vom 1. Januar bis zum 31. Dezember 1933.

7 LHAS, wie Anmerkung 1, Nr. 3119, Schreiben Meckl. Landgesellschaft an MLDF vom 13.8.1934.

8 LHAS, 10.25-1 Mecklenburgische Landgesellschaft mbH, Nr. 1982 und Nr. 303.

9 LHAS, wie Anmerkung 1, Nr. 3119, Abschriften Dt. Siedlungsbank an Meckl. Landgesellschaft vom 29.1.1934.

10 Zum Lebenslauf siehe https://de.wikipedia.org/wiki/Max_Sering (letzter Zugriff 18.5.2024).

11 Zum Lebenslauf siehe https://www.deutsche-biographie.de/gnd119216914.html#ndbcontent [letzter Zugriff am 18.5.2024].

12 Stasi-Unterlagenarchiv im Bundesarchiv (im Folgenden StUA/Barch), MfS, BV Neubrandenburg, AOP 40/57 (Überprüfungsvorgang 68/55), Bl. 0062, Bericht GI „Jochen Müller" betr. Aufklärung Remer.

13 Remer 1917 und LHA Schwerin, 5.12-6/9-1, 4249, Landesstrafanstalten Dreibergen-Bützow, Insassenakten; Lebenslauf Remer [Februar 1944].

14 StUA/Barch, MfS, BV Neubrandenburg, Ast. 105/50, Band 1, Bl. 0010-0011 und 0021–0031.

15 https://de.wikipedia.org/wiki/Christlich-Nationale_Bauern-_und_Landvolkpartei [letzter Zugriff am 10.6.2024].

16 StUA/Barch, MfS, BV Neubrandenburg, AOP 40/57 (Überprüfungsvorgang 68/55), Bl. 0013, Kurzaufsatz „Warnsignale“, den Remer 1947 an die „Deutsche Landwirtschaftliche Presse“ in Hamburg schickte. Die Redaktion schickte ihn zurück, weil sie ihn „nicht unterbringen“ konnte.

17 Vgl. zu dem Vorgang „Lehrherr“ folgende Quellen im Bestand LHAS, 9.2-15, Nr. 90, Ablehnung des Dr. Remer aus Peckatel als landwirtschaftlicher Lehrherr: Schreiben Remer an Kreisbauernführer, 27.3.1935; handschriftlicher Vermerk Amtsgericht Penzlin vom 12.4.1935; Schreiben Dipl.-Landwirt Rasenach an Kreisbauernschaft, 3.5.1935; Schreiben Kreisbauernschaft Waren an Kreisleitung Waren der NSDAP, 22.1.1937; Schreiben Rasenack an Kreisbauernschaft Waren, 26.1.1937; Schreiben Rasenack an Kreisbauernschaft, 2.2.1937; Schreiben NSDAP-Kreisleiter Dr. Hinkel an Kreisbauernschaft, 6.2.1937.

18 LHAS, 5.12-6/9-1, Nr. 4249, Landesstrafanstalten Dreibergen-Bützow, Insassenakten.

19 LHAS, 9.2-15, Nr. 90, Schreiben Kreisbauernschaft Waren an Kreisleitung Waren der NSDAP, 22.1.1937; Schreiben Rasenack an Kreisbauernschaft Waren, 26.1.1937.

20 Kreisarchiv Mecklenburgische Seenplatte, Regionalstandort Waren, Sign. 824, Gemeinde Peckatel, Akten (Remer) 1937-1939, Gemeindeangelegenheiten, Haushalt (1926-1944, 1937-1939). Im Folgenden KAMS, Sign. 824.

21 LHAS, 9.2-15, Nr. 90, Schreiben NSDAP-Kreisleiter Dr. Hinkel an Kreisbauernschaft, 6.2.1937. – Im „Opferring der NSDAP“ sammelten sich finanzielle Unterstützer der NSDAP, die nicht Mitglied dieser Partei werden wollten. Nach der Befreiung vom Faschismus wurde die Gliederung neben SS, SA oder Hj auf den Entnazifizierungsbögen genannt. Jedoch fehlen Erläuterungen zu dieser Gliederung in einschlägigen Nachschlagewerken zur Struktur der NSDAP ebenso wie in den im Bundesarchiv lagernden Akten der Reichskanzlei. – Vgl. Schirrmacher 2010: 251 und Schullze 1948. Schullze schreibt: „Der Opferring war keine parteiamtliche Einrichtung, wurde aber von der NSDAP geduldet; sein Zweck war die Beschaffung von Geldmitteln für die Partei“ (1948: 101). – „Ehrengemeinschaften“ [des Bauerntums] dienten der lokalen sozialen und politischen Kontrolle. – Vgl. Herlemann 1993.

22 Gemeint ist die auf einer geheimen Denkschrift Hitlers vom August 1936 fußende nationalsozialistische Wirtschaftsprogrammatik, ab 1936 innerhalb von vier Jahren die wirtschaftliche und militärische Kriegsfähigkeit durch Autarkie und forcierte Aufrüstung zu erreichen. Be-

auftragter für den Vierjahresplan wurde Hermann Göring, der dafür eine Oberste Reichsbehörde gründete.

23 LHAS, 9.2-15, Nr. 90, Schreiben Remer an Kreisbauernschaft, 10.2.1937.

24 Ebenda, Schreiben Kreisbauernschaft Waren an Landesbauernschaft, 16.2.1937; Landesbauernschaft an Kreisbauernschaft, 23.2.1937; Kreisbauernschaft an Landesbauernschaft, 4.3.1937; Landesbauernschaft an Kreisbauernschaft vom 7.6.1937.

25 Ebenda, Schreiben Landesverband an Kreisbauernschaft, 18.3.1937.

26 Kreisarchiv Mecklenburgische Seenplatte (KA MSE), Regionalstandort Waren, Sign. 823, Brief Remer an den Landrat des Kreises Waren vom 24.1.1936.

27 KA MSE, Sign. 824, Gemeinde Peckatel, Akten (Remer) 1937–1939, Gemeindeangelegenheiten, Haushalt (1926–1944, 1937–1939).

28 Gesetz gegen heimtückische Angriffe auf Staat und Partei und zum Schutz der Parteiuniformen vom 20. Dezember 1934, RGBl. 1934 I, S. 1269 f.

29 Schreiben Oberstaatsanwalt in Güstrow an Landrat Waren vom 22.5.1937. KA MSE, Regionalstandort Waren, Sign. 824, Gemeinde Peckatel, Akten (Remer) 1937–1939, Gemeindeangelegenheiten, Haushalt (1926–1944, 1937–1939).

30 Ebenda.

31 KA MSE, Regionalstandort Waren, Sign. 824, Verhandlungsprotokoll vom 10.4.1937.

32 KA MSE, Regionalstandort Waren, Sign. 824, Schreiben an das Mecklenburgische Staatsministerium, Abt. Inneres vom 25.7.1937.

33 Ebenda, Schreiben an die Kleine Strafkammer des Landgerichts Güstrow vom 2.11.1937 und an das Meckl. Staatsministerium vom 24.11.1937.

34 StUA/Barch, MfS, BV Neubrandenburg, Ast. 105/50, Band 1, Bl. 0008.

35 Ebenda, Bl. 0016–0020.

36 KA MSE, Regionalstandort Waren, Sign. 824, Schreiben vom 29.1.1938.

37 Ebenda, a.a.O.

38 Ebenda, a.a.O.

39 Ebenda, Schreiben Landrat Waren an das Mecklenburgische Staatsministerium, Abt. Inneres vom 18.7.1938.

40 Ebenda, Schreiben Staatsministerium an den Landrat Waren, 6.12.1938.

41 Ebenda, Verhandlungsprotokoll vom 18.1.1939.

42 Ebenda, Schreiben Remer an Landrat Waren vom 29.12.1938.

43 Ebenda, Schreiben an Landrat vom 23.1.1939 und Schreiben Landrat an Bürgermeister vom 25.1.1939.

44 Ebenda, Schreiben Landrat an Bürgermeister vom 11.3.1939.

45 Ebenda, Schreiben Remer an Landrat, 19.3.1939.

[46] StUA/Barch, MfS, BV Neubrandenburg, Ast. 105/50, Band 1, Bl. 0012, Urteil der grossen Strafkammer des Landgerichts in Güstrow vom 26.5.1939. Vgl. auch KA MSE, Regionalstandort Waren, Sign. 824, Schreiben Sondergericht Schwerin an Landrat Waren vom 5.2.1938.

[47] KA MSE, Regionalstandort Waren, Sign. 824, Schreiben Landrat an Staatsministerium Mecklenburg, 9.3.1942. – Die staatliche Verwaltung einschließlich der Justiz dienten zwischen 1933 und 1945 der Gleichschaltung und Instrumentalisierung für die Ziele des NS-Regimes. „Gnadenerlasse" waren Teil einer „auf den ersten Blick irritierende[n] Doppelstrategie []: Der Tendenz zur Kriminalisierung jeder Form abweichender Äußerungen, die vor allem die Heimtückeparagraphen vorgezeichnet hatten, wirkten eine Reihe von Amnestien entgegen. Diese Straffreiheitsgesetze sollten die ‚Gnade' des Führers und den ‚guten Willen' der Staatsmacht dokumentieren und forderten den ‚Abseitsstehenden' auf, in das Glied der ‚Volksgemeinschaft' zurückzutreten. Dieser Intention folgend wurde eine große Zahl der Verfahren vor den Sondergerichten noch bis in die 1940er Jahre hinein eingestellt und endete ohne eine Verurteilung der Angeklagten. Die rechtlichen Grundlagen hierzu boten das Gesetz über die Gewährung von Straffreiheit vom 30. April 1938, das die Reichsregierung ‚aus Anlaß der Wiedervereinigung Österreichs mit dem Deutschen Reich' verkündet hatte (RGBl 1938 I, 433), die zum 50. Geburtstag Adolf Hitlers gewährte Amnestie vom 20. April 1939 sowie der ‚Gnadenerlaß des Führers und Reichskanzlers für die Zivilbevölkerung' vom 9. September 1939 (RGBl. 1939 I, 1760).
In den Jahren 1942 bis 1945 spielten Amnestien in der Spruchpraxis der Sondergerichte dagegen kaum noch eine Rolle. Die Richter verfolgten nicht die Absicht, die Beschuldigten durch Milde zur Einsicht zu bewegen, vielmehr sollte an ihnen ein Exempel statuiert werden: Juristen und Justiz stellten sich in den Dienst der NS-Gewaltherrschaft. Die ‚Volksschädlinge' sollten aus der ‚Volksgemeinschaft' ausgeschlossen werden; die Angeklagten sollten die ganze Härte des Gesetzes zu spüren bekommen." – https:// www.historisches-lexikon-bayerns.de/Lexikon/Sondergerichte (1933-1945) [letzter Zugriff am 7.6.2024].

[48] StUA/Barch, MfS, BV Neubrandenburg, Ast. 105/50, Band 1, Bl. 0010-0011.

[49] Ebenda.

[50] Ebenda, Bl. 0016–0020.

[51] Ebenda, Bl. 0021–0031.

[52] KA MSE, Regionalstandort Waren, Sign. 824, Schreiben Remer an Landrat, 16.2.1937.

53 KA MSE, Regionalstandort Waren, Sign. 824, a.a.O. H. F. fiel 1941 in der Sowjetunion. Danach übernahm der zweite Stiefsohn die Bewirtschaftung des Hofes.

54 Möglicherweise auch vom 1. Mai 1941 an – Remer selbst gab in Unterlagen das eine wie das andere Datum an. Wahrscheinlicher ist der 1. März.

55 Quelle: http://www.dfg.de/pub/generalplan/vertreibung_2.html (30.11.2016). Dokumente, die die perversen Bevölkerungsberechnungen der NS-Planer widerspiegeln, darunter Einschätzungen über die „Eindeutschungsfähigkeit" der ansässigen polnischen, sowjetischen tschechischen, litauischen usw. Bevölkerungen finden sich im Bundesarchiv, Bestand R 49/984; abgedruckt in Madajczyk 1994: 235–255.

56 Ulrich Greifelt wurde am 8.12.1896 geboren und starb am 6.2.1949. Er war „Sohn eines Apothekers, nahm als Soldat am Ersten Weltkrieg teil. Nach Kriegsende schied er aus der Armee im Rang eines Oberleutnants aus. Anschließend gehörte er einem Freikorps an. Während der Weimarer Republik war Greifelt als Ökonom bei einer Berliner Aktiengesellschaft tätig, bis er aufgrund der schwierigen Wirtschaftslage in Deutschland 1932 entlassen wurde. Nach der Machtübergabe an die Nationalsozialisten trat Greifelt Anfang April 1933 der NSDAP (Mitgliedsnr. 1.667.407) und im Juni 1933 der SS (SS-Nr. 72.909) bei. Ab August 1933 war Greifelt Referent im Stab des Reichsführers SS Heinrich Himmler. Von Anfang März 1934 bis Mitte Juni 1934 war Greifelt geschäftsführend Stabschef des SS-Oberabschnitts Mitte/Elbe und anschließend bis Mitte Januar 1935 in selber Funktion beim SS-Oberabschnitt Rhein/Rhein-Westmark/Westmark. Danach leitete er die Zentralkanzlei des SS-Hauptamtes. Nach Beginn des Zweiten Weltkrieges wurde Greifelt im Oktober 1939 zum Leiter der Dienststelle Reichskommissar für die Festigung deutschen Volkstums ernannt. Er war maßgeblich an der Planung und Durchführung des Generalplans Ost beteiligt. So war er 1940 unter anderem Aufsichtsratsmitglied der Deutschen Umsiedlungs-Treuhand. In der SS stieg Greifelt am 30. Januar 1944 bis zum SS-Obergruppenführer und General der Polizei auf. Nach Ende des Zweiten Weltkrieges wurde Greifelt im Prozess Rasse- und Siedlungshauptamt der SS als Hauptverantwortlicher für die Vertreibung von Menschen aus Slowenien, Elsass, Lothringen und Luxemburg am 10. März 1948 zu lebenslanger Haft verurteilt. Er verstarb während der Haft im Kriegsverbrechergefängnis Landsberg." Quelle: https://de.wikipedia.org/wiki/Ulrich_Greifelt [letzter Zugriff am 10.6.2024].

57 Das geht nicht nur aus einem Schreiben Remers vom 9.11.1942 an den Landrat des Kreises Waren (Müritz) hervor, das er mit dem Absender

„Dr. O. Remer, Berlin-Halensee, Kurfürstendamm 140, Amt IV" versah, sondern auch aus den „Insassenakten" der Haftanstalt Dreibergen/ Bützow, in der er später einsaß, und dem Vorgang um seinen erfolglosen Antrag vom August 1942 auf Aufnahme in die NSDAP.

58 Zumindest konnten keine Akten gefunden werden. Entsprechende Recherchen des Autors im Bundesarchiv blieben ohne Ergebnis.

59 Vgl. Beschreibung des Bestandes R 8116 im Bundesarchiv. https://invenio.bundesarchiv.de/basys2-invenio/main.xhtml;jsessionid=C3LnVVP4yMRsM-JHNwJfdbNb (30.11.2016). 1952 meldete die Deutsche Ansiedlungsgesellschaft Konkurs an und wurde 1953 aufgelöst. 1958 wurde ihr Eintrag im Handelsregister gelöscht.

60 KA MSE, Regionalstandort Waren, Sign. 824, Schreiben Landrat Mulert/Waren an Staatsministerium Mecklenburg vom 9.3.1942, Beschwerdebrief Remers vom 24.2.1942 und Antwort Staatsministerium an Landrat Mulert/Waren, vom 7.5.1942.

61 Barch, VBS 1/1140022001, NSDAP-Parteikorrespondenz, Filmstreifen Nr. 34–38.

62 Ebenda, Filmstreifen Nr. 1306–1330, Schreiben Gauschatzmeister der NSDAP Mecklenburg an NSDAP Reichsleitung, Reichsschatzmeister, vom 10.9.1942.

63 Ebenda, Schreiben Gauschatzmeister der NSDAP Mecklenburg an NSDAP Reichsleitung, Reichsschatzmeister, vom 10.9.1942.

64 StUA/Barch, MfS, BV Neubrandenburg, Ast. 105/50, Band 1, Bl. 0039–0046.

65 Barch, VBS 1/1140022001, NSDAP-Parteikorrespondenz, Filmstreifen Nr. 1306–1330, Schreiben Schiedsamt NSDAP an Gauschatzmeister des Gaues Berlin vom 12.10.1942 betr. Aufnahmegesuch des Dr. Otto Remer, geb. 11.8.86, wohnhaft Berlin-Charlottenburg, Stuttgarter Platz 1.

66 Ebenda, Schreiben Reichshauptstellenleiter NSDAP Eder an Gauschatzmeister des Gaues Berlin der NSDAP Herrn Otto de Mars vom 7.10.1942 betr. Aufnahmeantrag des Vg. Dr. Otto Remer, wohnhaft Berlin-Charlottenburg, Stuttgarter Platz 1/IV.

67 KA MSE, Regionalstandort Waren, Sign. 824, Schreiben Remer an Landrat Mulert/Waren vom 9.11.1942.

68 Ebenda, Protokoll der Verhandlung vom 21.1.1944.

69 Zu der Haftzeit in Dreibergen-Bützow und den damit verbundenen Vorgängen vgl. LHA Schwerin, 5.12-6/9-1, 4249, Landesstrafanstalten Dreibergen-Bützow, Insassenakten, versch. Schriftstücke.

70 KA MSE, Regionalstandort Waren, Sign. 824, Schreiben M. Remer an Landrat vom 21.6.1944.

71 Ebenda, Schreiben Ortsbauernführer an Landrat vom 2.7.1944.

72 Ebenda, Schreiben Landrat an M. Remer vom 20.7.1944.

73 LHAS, 5.12-6/9-1, 4249, Landesstrafanstalten Dreibergen-Bützow, Insassenakten, Schreiben M. Remer an die Strafanstalt Dreibergen-Bützow vom 3.4.1944 und 13.5.1944.

74 Ebenda, Schreiben M. Remer an die Strafanstalt Dreibergen-Bützow vom 1.12.1944.

75 Ihm folgten bis Anfang der 1950er Jahre: von September 1946 bis Januar 1947 Paul Roll; Januar 1947 bis September 1947 Karl Holm; September 1947 bis November 1947 Reinhard Buchert und ab November 1947 Wilhelm Richter (SED), ab 1950 war das Bürgermeisteramt hauptamtlich.

76 KA MSE, Regionalstandort Waren, Sign. 9670, Gemeinde Peckatel, Berichte und Protokolle 1945–1950.

77 Ebenda, Protokoll GVV am 1.6.1947.

78 Ebenda, Abschrift Protokoll über die Gemeindevertreter-Sitzung am Sonntag den 1. XII. 1946: Tagesordnungspunkt 2: Genossenschaftsangelegenheit: Dr. Remer Versammlungsleiter.

79 Ebenda, a.a.O.

80 Die Behauptung, zwangsweise oder ohne sein Wissen Mitglied der NSDAP gewesen zu sein, diente als häufig gebrauchter Entschuldungsgrund. Niemand aber konnte ohne sein Wissen in die NSDAP aufgenommen werden. Und niemand musste eintreten. Ein „unfreiwilliger" Beitritt war ausgeschlossen. Das Aufnahmeverfahren in diese Partei war stark reglementiert und wurde penibel gehandhabt. Mitglieder konnten „unbescholtene Angehörige des deutschen Volkes [...] rein arischer Abkunft" werden, die das 18. Lebensjahr vollendet hatten. Ein Zwang oder Druck, der Partei beizutreten, durfte unter keinen Umständen ausgeübt werden, es galt der Grundsatz der Freiwilligkeit (Heusterberg 2009: 4 f.).

81 StUA/Barch, MfS, BV Neubrandenburg, Ast. 105/50, Band 1, Bl. 0050–0053

82 Ebenda, Bl. 0054-0073

83 In den Unterlagen wird der Name Remer häufig falsch geschrieben (Rehmer).

84 StUA/Barch, MfS, BV Neubrandenburg, Ast. 105/50, Band 1, Bl. 0072–0073

85 Ebenda, Bl. 0067-0069. – Die Aufzeichnungen „Grundsätzliches zur Tagespolitik" finden sich auf Bl. 0048.

86 Ebenda, Bl. 0074.

87 Ebenda, Bl. 0078.

88 Ebenda, Bl. 0080.

89 Ebenda, Bl. 0081.

90 Ebenda, Bl. 0082–0083.

91 Ebenda, Bl. 0085.

92 Ebenda, Bl. 0090–0091.
93 Ebenda, Bl. 0092–0096.
94 Ebenda, Bl. 0006–0007, Akte Staatsanwaltschaft Güstrow – Untersuchungsakte gegen den Landwirt Dr. Otto Remer aus Peckatel wegen Verbrechens gegen die Menschlichkeit.
95 Ebenda, Bl. 0097–0101, Schreiben Remers an das Landgericht vom 15.10.1947.
96 Ebenda, 0104–0107, Schreiben Adelheid König vom 20.10.1947.
97 Ebenda, Bl. 0108.
98 Ebenda, Bl. 0109.
99 Ebenda, Bl. 0110, Schreiben Remer vom 22.10.1947.
100 Ebenda, Bl. 0112.
101 Ebenda, Bl. 0118, Schreiben Schulz vom 27.10.1947.
102 Ebenda, Bl. 0115.
103 Ebenda, Bl. 0121–0123.
104 Ebenda, Bl. 0119, Schreiben vom 9.12.1947.
105 Ebenda, Bl. 0131.
106 Ebenda, Bl. 0132.
107 Ebenda, Bl. 0133.
108 Remer meint hier die Volksabstimmungen in den deutsch-polnischen Grenzgebieten infolge des Versailler Vertrages 1919.
109 StUA/Barch, MfS, BV Neubrandenburg, Ast. 105/50, Band 1, Bl. 0138-0142, Protokoll der öffentl. Sitzung der Kleinen Strafkammer des Landgerichts Güstrow, 16.12.1947 in der Strafsache Remer.
110 Schreiben Remer an Landesregierung Mecklenburg, Ministerpräsident, persönliches Referat, vom 26.2.1948.
111 SUA/Barch, MfS, BV Neubrandenburg, Ast. 105/50, Band 1, Bl. 0157–0158.
112 KA MSE, Regionalstandort Waren, Sign. 9670.
113 StUA/Barch, MfS, BV Neubrandenburg, Ast. 105/50, Band 1, Bl. 0026.
114 StUA/Barch, MfS, BV Neubrandenburg, AOP 40/57 (Überprüfungsvorgang 68/55), Bl. 0026–0027.
115 KA MSE, Regionalstandort Waren, Sign. 9670.
116 StUA/Barch, MfS, BV Neubrandenburg, Ast. 105/50, Band 1, Bl. 0003–0004 (fälschlich auch in Band 2 enthalten als Bl. 0003–0004).
117 StUA/Barch, MfS, BV Neubrandenburg, AOP 40/57 (Überprüfungsvorgang 68/55), Bl. 0048–0049 und 0047, Stellungnahme Kp.-Kom. zu der vom Oberstaatsanwalt übersandten Akte Dr. Otto Remer, Peckatel, 20.5.1950.
118 Im Juli 1950 brachte der Propagandachef der DDR, Gerhart Eisler, eine Broschüre heraus, in der wahrheitswidrig behauptet wurde, die Amerikaner hätten Kartoffelkäfer über der DDR abgeworfen, um die Kar-

toffelversorgung der DDR zu stören. Diese Gerüchte gab es in Deutschland auch in den Kriegsjahren der NS-Zeit. – Vgl. Körner 2016: 4.

119 Barch, DA 4/1100 Eingabe des Dr. O. Remer, Bauer, Peckatel bei Penzlin, wegen angeblicher Verdächtigung, 1950, Abschrift Bl. 12-14. Der Archivalien-Zusammenhang deutet auf den kurzzeitig in Peckatel tätigen Neulehrer H. als Autor des Protokolls hin:

120 Barch, DA 4 [Präsidialkanzlei beim Präsidenten der DDR] /1100 Eingabe des Dr. O. Remer, Bauer, Peckatel bei Penzlin, wegen angeblicher Verdächtigung, 1950, Abschrift Bl. 1+RS, Schreiben Dr. O. Remer, Bauer (3 a) Peckatel bei Penzlin an Herrn W. Pieck, Präsident der Deutschen Demokratischen Republik, Berlin-Niederschönhausen, den 23. Oktober 1950.

121 Ebenda, Schriftwechsel Präsidialkanzlei – Nationale Front, Bl. 2–8 und Abschrift Bericht Loose, Bl.8–11.

122 Ebenda, Abschrift Bl. 26–27.

123 Ebenda, Abschrift Bl. 6, Der Präsident der Deutschen Demokratischen Republik, Staatssekretär, an den Rat des Kreises (3 a) Schwerin/Mecklenburg vom 2.12.1950 betr.: Bauer Dr. O. Remer in Peckatel bei Penzlin, 23. November 1950 [Bl. 5 gleichlautendes Schreiben am 2.12.1950 an den Rat des Kreises Penzlin].

124 Ebenda, Abschrift Bl. 18 [Falschschreibung des Namens im Artikel (Rehmer) im Original]. – Original: Der Kreis Waren hat noch viel aufzuholen, „Landeszeitung" Organ der Sozialistischen Einheitspartei Deutschland für Mecklenburg-Vorpommern, Nr. 291 vom 16.12.1950. Leider ist es bislang nicht gelungen, neben der zitierten Archivalie auch den entsprechenden Zeitungsausschnitt zu finden.

125 „Ein Großbauer spielt den ungekrönten König". „Landeszeitung" Organ der Sozialistischen Einheitspartei Deutschland für Mecklenburg-Vorpommern, Regionalausgabe Greifswald, Nr. 291 vom 16.12.1950.

126 Barch, DA 4/1100, Abschrift Bl. 17. Der Rat des Kreises Waren, Dezernat Innere Verwaltung, Waren, 19.12.1950, an den Präsidenten der Deutschen Demokratischen Republik, Staatssekretär, Berlin-Niederschönhausen, Ossietzkystrasse.

127 Ebenda, Abschrift Bl. 19, Anlage 2 zum Schreiben des Rates des Kreises Waren vom 19.12.1950.

128 Ebenda, Abschrift Bl. 20 Anlage 3 zum Schreiben des Rates des Kreises Waren vom 19.12.1950: „Nachstehend geben wir einen Auszug aus der Landeszeitung der CDU ‚Der Demokrat' woraus die politische Einstellung von Dr. Rehmer klar zu erkennen ist: Als Delegierte zum Landesparteitag wurden die Parteifreunde Höhnke und Dr. Rehmer zu-

sätzlich aufgestellt. Was geschah in der Diskussion? Zunächst musste festgestellt werden, dass man sich in der Diskussion nicht bemühte, auf die klaren Argumente einzugehen, die im politischen Referat gegeben wurden. Man diskutierte also nicht. Sondern man agitierte offen gegen die Beschlüsse der Partei. So erklärte Dr. Rehmer u. a., dass es uns gleichgültig sein könne, wenn Westdeutschland es für richtig gehalten habe, die Marshallplankredite hereinzunehmen. Weiter sprach er in unvertretbarer Weise gegen andere Weltanschauungen, mit deren Vertretern im Block und in der Nationalen Front eine vertrauensvolle Zusammenarbeit für uns nötig ist, besonders in der augenblicklichen ernsten und im Hinblick auf die Kriegsgefahr sehr kritischen Zeit. Er zeigt im übrigen in seinem Diskussionsbeitrag, dass er auch weltanschaulich nicht auf dem Boden unserer Partei steht. Er ging sogar so weit, dass er zu den Vertretern des Landesvorstandes nicht von unserer gemeinsamen Partei, sondern von ‚Ihrer Partei' sprach. […]
Es ist nicht die Absicht des Landesvorstandes darauf hinzuarbeiten, dass alle Diskussionen, die auf Kreisversammlungen geführt werden, schablonenhaft nach Schema F vor sich gehen. Es ist gut und richtig, wenn ehrlich gerungen wird. Selbstverständlich sind nicht immer diejenigen die Besten, die von Anfang an mit fliegenden Fahnen sich jeder neuen Entwicklung verschreiben, ohne mit dem Verstand zu wissen, was sie tun. […]
Der geschäftsführende Landesvorstand hat aus den Vorfällen in Waren folgende Konsequenzen gezogen: Herr Steeger, Dr. Rehmer und Schulz werden wegen parteischädigenden Verhaltens ausgeschlossen."

129 Barch, DA 4/1100, Bl. 21.

130 Ebenda, Abschrift Bl.28: Schreiben Zuckermann an ZK der SED, Sekretariat des Politbüros, Gen. Kurt Vieweg vom 13.1.1951 betr. Bauer Dr. O. Remer, Peckatel Krs Penzlin/Meckl.

131 KA MSE, Regionalstandort Neustrelitz, Akte Anfragen, Anerkennung, Ablehnung VdN 1953–1962, Nr. 22727, Schreiben RdB Neubrandenburg, Abt. Arbeit u. Berufsausbildung Referat Sozialwesen – VdN –, Max Adrion vom 12.2.11953 betr. Antrag des Dr. Otto Remer auf Anerkennung als VdN. – Die Orthografie entspricht dem Original. – Der Antragsvorgang zog sich bis in das Jahr 1959 hin, für Remer ohne Erfolg.

132 Dies war übrigens ausdrücklich auch Stalins Auffassung. Vgl. hierzu Karuscheit 1996: insbesondere S.62 ff.

133 Zu erinnern ist in diesem Zusammenhang daran, dass Sozialisierungsbestrebungen auch in den Westzonen weit verbreitet waren und in den Programmen der neu entstehenden Parteien ihren program-

matischen Niederschlag fanden. In Hessen fand am 1.12.1946 eine Volksabstimmung über den Entwurf der hessischen Landesverfassung statt. 76 Prozent wurden für den vorgelegten Text abgegeben, in dem umfassende Demokratisierungs- und Sozialisierungsmaßnahmen verfassungsrechtlich verankert wurden. In einer gesonderten Abstimmung mußte über den Sozialisierungsartikel 41 dieser Verfassung abgestimmt werden, der die Überführung der Schlüsselindustrien in Gemeineigentum oder unter Staatsaufsicht vorsah. Der Art.41 fand die Zustimmung von 72 Prozent der abgegebenen Stimmen; in Nordrhein-Westfalen fand das Sozialisierungsziel Eingang in die Landesverfassung und steht übrigens noch heute darin. Zu erinnern ist auch daran, daß es dort auch, vornehmlich an der jeweiligen Parteibasis, massive Vereinigungsbestrebungen zwischen KPD und SPD gab. Vgl. Quellen und Dokumente zu entsprechenden Entwicklungen jener Zeit in Billstein 1984.

134 Vgl. hierzu die Veröffentlichung der Aufhebung der entsprechenden Richtlinien und Verordnungen in „Der Freie Bauer", 8.Jg., Nr.24, 14.6.1953, S.3;

135 Beschluß der II. Parteikonferenz der Sozialistischen Einheitspartei Deutschlands zur gegenwärtigen Lage und zu den Aufgaben im Kampf für Frieden, Einheit, Demokratie und Sozialismus. In: Einheit, 7. Jg., Heft 8, August 1952, S.720

136 StUA/Barch, MfS, BV Neubrandenburg, Ast. 105/50, Band 1, Bl. 0014.

137 Ebenda, Bl. 0015.

138 Ebenda, Bl. 0029 und weitere.

139 Ebenda, Bl. 0052.

140 Ebenda, Bl. 0031.

141 Siehe Kopie des Aufsatzes Remer, O. 1955: Ertragssteigerung durch Bokhara-Klee. Mitteilungen der Deutschen Landwirtschafts-Gesellschaft **70** (1955) Heft 22, vom 2.6.1955, S. 561–562. Siehe StUA/Barch, MfS, BV Neubrandenburg, Ast. 105/50, Band 1, Bl. 0129-0132.

142 StUA/ Barch, MfS, BV Neubrandenburg, Ast. 105/50, Band 1, Bl. 0033.

143 Ebenda, Bl. 0056–0058.

144 Ebenda, Bl. 0020.

145 Ebenda, Bl. 0043–0044.

146 Ebenda, Bl. 0260.

147 Ebenda, Bl. 0278.

148 Ebenda, Bl. 0261–0269.

149 Karbe-Wagner-Archiv Neustrelitz, Nachlass Walter Karbe, Karton 8, handschriftliches Manuskript „Gränenberg u. Klingenberg": 3.

150 Ebenda, Karton 4, Akte II/42. Das „Modenbruch" wird noch heute im Volksmund als „Remerscher Teich" bezeichnet. Asseburg ist der Name eines Pächters der Maltzanschen Jagd gemeint. Er entstammte

dem gleichnamigen Adelsgeschlecht aus der Nähe von Wolfenbüttel. Während seiner Pachtzeit ließ er unweit Brustorf ein kleines hölzernes Jagdhaus errichten.

151 Wagner, A. 1957: Walter Karbe ... der sich die Heimat erwanderte. Rostock.

152 KA MSE, Regionalstandort Neustrelitz, Meldekartei (Mikrofiche). Karteikarten W. F., M. F. und Kinder.

153 KA MSE, Regionalstandort Neustrelitz, Nr. 157 Eigentumsgrundstück Dr. Otto Remer, Schenkungsvertrag vom 19. September 1947.

154 KA MSE, Regionalstandort Neustrelitz, Nr. 24294, Rat des Kreises, Abteilung Umweltschutz-Wasserwirtschaft-Erholungswesen bis 1989.